Oro afinado
en fuego

ORO AFINADO EN FUEGO

DESCUBRIENDO EL PODER DE LA FE

Robert J. Wieland

CFI Book Division
Gordonsville, Tennessee USA

Derechos de autor © 2019: CFI Book Division

Diseño de portada e interior: CFI Graphic Design

Todos los derechos reservados. Prohibida la reproducción total o parcial de esta publicación (texto, imágenes y diseño), su manipulación informática y transmisión, ya sea electrónica, mecánica, por fotocopia u otros medios, sin permiso previo del editor: CFI Book Division.

Citas bíblicas tomadas de la versión 'Reina-Valera', revisión de 1995, excepto indicación expresa a continuación de la cita bíblica (DHH = versión 'Dios habla hoy'; PDT = versión 'Palabra de Dios para todos').

Traducción: http://www.libros1888.com

Publicado por CFI Book Division

P.O. Box 159, Gordonsville, Tennessee 38563

ISBN-10: 0-9975122-8-8
ISBN-13: 978-0-9975122-8-1

Impreso en Estados Unidos de América

Tipografía: 12/14,4 Minion Pro

¿Cuál es el significado de la expresión bíblica "la fe de Jesús"? ¿Fue la justicia de Jesús también por la fe? ¿Fue innata? ¿Qué tipo de naturaleza humana tomó el Hijo de Dios al hacerse hombre? ¿La naturaleza de Adán anterior a la caída? ¿Nuestra naturaleza pecaminosa posterior a la caída? ¿O bien una naturaleza a medio camino entre ambas? Este libro será de ayuda para quienes estén interesados en el fondo de esos asuntos de tanta actualidad como importancia.

ÍNDICE

Prefacio 9
1. Creer en Cristo y dejar el mal 11
2. Justificación en el Nuevo Testamento: la fe que obra ... 15
3. Lo que Cristo hizo por "todos los hombres" 25
4. En qué consiste la fe auténtica 31
5. Cómo hizo el enemigo para robarnos la fe 37
6. Más sobre esa palabra explosiva: FE 45
7. Sigue creyendo y no caerás 53
8. La obra del Espíritu Santo: buena nueva constante 61
9. Qué significa poner los ojos en Jesús 71
10. Ministerio sacerdotal de Cristo y justicia por la fe 81

Prefacio

En el Nuevo Testamento brilla un inmenso tesoro de verdad motivadora: es el tesoro de la fe. Aunque parezca increíble, no ha sido debidamente apreciado en muchas disertaciones sobre la justificación por la fe. "Fe" significa mucho más de lo que solemos entender por "confianza", ya que no encuentra en el *yo* su fundamento. Existe fe cuando el corazón aprecia el amor (*agape*) de Dios revelado en el sacrificio de Cristo. Es el elemento dinámico que permite que el evangelio sea realmente el poder para salvación, puesto que esa fe obra mediante el amor tanto en la justificación como en la santificación. La justificación por la fe descansa sobre las provisiones legales de la cruz, pero es más que una declaración judicial, y capacita al creyente para la obediencia a todos los mandamientos de Dios.

— *Robert J. Wieland*

1

Creer en Cristo y dejar el mal

La carta fluía en la expresión pintoresca típica del joven habitante de un pueblo africano cuya precaria segunda lengua es el inglés, pero su lectura me sacudió como cuando el dentista te alcanza el nervio sensible de un diente.

Así comenzaba y terminaba la carta:

"Queridos seguidores de Cristo: Soy un joven recién convertido al cristianismo. Me enfrento a problemas y necesito ayuda... ¿Puedo contar con vosotros?

[Firmado] Magara"

Se me hacía difícil responder a las preguntas que formulaba entre ese principio y ese final, por lo alejado que estoy de su mundo real: el de aquel remoto poblado africano. Pero le debía una respuesta, ya que Jesucristo es el "Salvador de todos los hombres", y espera que sus ministros tengan una palabra de aliento incluso para el adolescente del poblado africano. Magara planteaba esta primera cuestión:

(1) "La Biblia señala el deber de auxiliar a quienes están en dificultades. Supongamos que recorriendo un camino me encuentro con alguien que carga un barril de *pombe* [cerveza nativa]. ¿Debiera ayudarle?"

Tuve ocasión de conocer de primera mano la vida en un poblado africano. Es muy alta la probabilidad de que ese "alguien que carga un barril" de cerveza resulte ser su tía entrada en años, o quizá su abuela. Vender cerveza es todo cuanto saben hacer para obtener algún dinero con el que comprar jabón o sal. Supongamos que Magara, el joven recién convertido al cristianismo, rehúsa implicarse en aquel negocio de la forma que sea: 'No, querida abuela, no puedo ayudarte más con las bebidas alcohólicas'. Ella protestará: '¡Vaya cristiano amable, que se niega a ayudar a su pobre y fatigada abuela!'

(2) "Supongamos que un sábado, de regreso de la iglesia, me encuentro con alguien que carga un pesado saco de maíz camino del mercado. ¿Puedo ayudarle?"

Una vez más es muy probable que se trate de un pariente, quizá la misma abuela o tía entrada en años: 'No, querida tía, me hice cristiano y *justo hoy* no puedo ayudarte a transportar esa carga. No hasta mañana'. ¿Crees que las preguntas de Magara tienen una respuesta fácil? Sitúate en el poblado africano y verás que no es así.

Pero la última pregunta me dejó todavía más perplejo, ya que cristaliza en un microcosmos el gran conflicto entre Cristo y Satanás, y representa un desafío para cualquier seguidor sincero de Cristo al margen de donde viva.

(3) "¿Cómo puede uno evitar volver a caer en el mal tras haber creído en Cristo?"

¿Qué está preguntando realmente Magara? La población en la que vive viene a ser lo que el apóstol Juan llama "el mundo" que no debemos amar. Es probable que ese poblado de Magara sea más "el mundo", que la ciudad en la que tú vives, incluso si estuviera plagada de sex-shops, de pornografía o de salones para fantásticos masajes cuyos anuncios solicitan tu atención al recorrer las calles.

Magara no necesita representaciones pornográficas en una revista o pantalla electrónica, ni precisa gastarse un centavo en algo parecido. Ese tipo de placeres vicariantes resultaría ridículo en su ambiente, que pone a su disposición el artículo genuino. Muchas chicas del poblado—incluso profesas cristianas—están listas a ofrecerse a Magara—en todo momento de forma gratuita. Y él conoce bien cuán seductoras son sus artimañas. La mayoría de sus amigos cristianos no tiene reparos en "volver a caer en el mal" después de haber creído en Cristo.

El impacto abrumador de casi una década de cristianismo en África ha fijado en las mentes la idea de que continúas pecando tras hacerte cristiano. La única diferencia es que ahora *estás salvo* en tus pecados y no perdido en ellos, con tal que mantengas al día una buena relación con Dios mediante las debidas confesiones en la iglesia—o bien al sacerdote—penitencias y asistencia a los servicios de culto, especialmente en Navidad y Pascua.

¡No dejas de ser humano al hacerte cristiano! Las chicas del poblado de Magara tienen una forma discreta de tantearle: 'Está bien, ahora eres cristiano, pero sigues siendo tú, ¿no es así, gran chico?'

El pastor de una de las iglesias más grandes de África lamentó recientemente de forma pública que nueve de cada diez novias que recorrían el pasillo de la catedral lo hacían embarazadas. Y un obispo se quejaba en un diario de que la mayoría de los 'grandes chicos' implicados en desfalcos y corrupción profesan el cristianismo. La idea común es que, por descontado, no se espera que dejes de pecar cuando te haces cristiano, ya que es *imposible* dejar de pecar. ¿Acaso no lo sabe todo el mundo?

Pero a Magara su conciencia le inquieta. Ha descubierto en la Biblia una pregunta clara y su respuesta directa: "¿Perseveraremos en pecado para que abunde la gracia? ¡De ninguna manera! Porque los que hemos muerto al pecado, ¿cómo viviremos aún en él? ¿No sabéis que todos los que hemos sido bautizados en Cristo Jesús, hemos sido bautizados en su muerte?" (Romanos 6:1-3).

Magara ha llegado hasta ese punto en su Biblia y se siente concernido. *Sigue* siendo humano; eso lo sabe bien, quizá dolorosamente bien. No pasó mucho tiempo tras su bautismo hasta volver a hundirse en "el mal". Sigue poseyendo una naturaleza humana con la que contender. Incluso ha descubierto algo más: el mal deseo parece haberse exacerbado, y las tentaciones parecen ahora más seductoras que nunca. Ha oído hablar del teólogo africano que regresó del seminario desde el otro lado del océano, afirmando abiertamente que las "caídas ocasionales" en el pecado cuentan con respaldo bíblico y que forman parte del proceso; que simplemente no puedes esperar vencer todas las tentaciones y que a lo más que puedes aspirar ahora es a ser algo más discreto.

Magara se da cuenta de que "caídas ocasionales" es un concepto bastante relativo. La interpretación queda abierta a los deseos personales de cada uno: una vez por semana … quizá una vez al día …

Según su carta, Magara teme ese tipo de derrotas, pues lo dejan con sentimiento de suciedad, y abrumado por la culpabilidad y la angustia. Aunque los pastores afirmen que Cristo lo salva a uno *en* sus pecados debido a que Él lo hizo todo en tu lugar, y por la razón de que seguir transgrediendo es todo cuanto puedes hacer, Magara necesita saber si hay "buenas nuevas" mejores que esas. Si

Cristo es incapaz de salvarte ahora de pecar, ¿cómo puedes estar seguro de que va a resucitarte posteriormente? ¿Cómo será la vida futura si los "salvos" no dejaron de pecar?

Lo más parecido a buenas nuevas que ha oído, es lo que el obispo Fulton Sheen publicó bajo un titular atrayente: "Una mirada [a la virgen María] y sabemos que … debido a que ella era sin pecado, podemos ser *menos pecaminosos*"—*The World's First Love*, (London: Burns and Oates, 1953, p. 16; original sin cursivas).

De ser eso cierto, Magara no debiera crearse expectativas muy elevadas. Lo mejor que puede esperar es cierta disminución gradual, ser "menos pecaminoso", pero dando siempre por buenas esas "caídas ocasionales" que los maestros tanto católicos como protestantes afirman ser tan inevitables.

Por supuesto, las chicas no son el único problema de Magara. Con toda probabilidad le encanta el *pombe* que tan bien elabora su abuela, ya que consumir bebidas alcohólicas fue su estilo de vida. Y probablemente se le ha enseñado a mentir desde la niñez; al menos, a transigir con las mentiras blancas. Además, ¿quién no perdió los estribos y espetó maldiciones ante la provocación? La tentación a adorar el dinero es tan real para él como para cualquier otro en el mundo.

Eso es lo que lleva a Magara a clamar por ayuda.

¿Tengo buenas nuevas para Magara?—Ciertamente. Es lo que la Biblia llama "justificación por la fe". Y si Magara puede entenderla, todos pueden entenderla.

2

Justificación en el Nuevo Testamento: la fe que obra

Fue con alegría como expliqué a Magara que la justificación de Dios es para el alma enferma de pecado (¡eso nos incluye a todos!) lo que un baño refrescante y purificador es para el cuerpo. La justificación es la respuesta al anhelo profundo del corazón humano por rectitud, por ser reconciliado con Dios y con el universo de Dios. El desacuerdo con lo puro, recto y justo, produce una terrible desazón. Lo llamamos sentimiento de culpa, y la culpa destruye la paz y la esperanza. Necesitamos liberación.

Justificación puede parecer una palabra grande y misteriosa; materia sobre la que disertar para juristas y teólogos en libros tediosos y polvorientos. Pero Magara no tardó en descubrir que la idea presente en la Biblia sobre la justificación es tan clara como la luz del mediodía. La versión de la Biblia *Today's English*, en lugar de la palabra que en Romanos 5:1 se suele traducir *justificación*, dice "restablecido al orden para con Dios".

Imagina que tú mismo eres culpable de un crimen; culpable sin posible discusión. Estando encarcelado en tu celda te sientes miserable mientras esperas con aprensión el día de la sentencia. Para ti no brilla el sol, no luce ninguna flor; ningún pájaro te alegra con sus cantos. Ni siquiera eres capaz de sonreír. Nadie puede darte ánimos. Te sientes a distancia kilométrica, en las "tinieblas de afuera"—alejado de Dios y de todos los demás a quienes chasqueaste. Todo cuanto puedes sentir es "una horrenda expectación de juicio y de hervor de fuego que ha de devorar"

(Hebreos 10:27). Cualquiera de nosotros es capaz de imaginar una situación miserable como esa, pues la hemos experimentado más de una vez.

Imagina ahora que aparece alguien en la vista judicial aportando pruebas que determinan tu absolución. El fiscal, el juez y todo el jurado queda persuadido de que no hay evidencia que demuestre tu culpabilidad. Se te absuelve. Imagina entonces al juez leyendo la sentencia según la cual quedan refutadas todas las acusaciones que pesaban contra ti, y oyes al tribunal declarándote inocente. Toda la sala prorrumpe en aplausos. El funcionario te acompaña hasta la salida con gesto respetuoso y allí disfrutas del aire libre y de la luz del sol.

Esa es una imagen válida de la justificación, si bien no llega a abarcar todo lo que esta implica, dado que en la analogía propuesta tú eras culpable, pero en la vida real no hay ninguna cantidad de argumentación que pueda cambiar ese hecho. En el plan de la redención no es solamente que el juez te "declara justo", sino que te restablece "al orden" ante los ojos de la comunidad, como atestigua el hecho de que se ha producido un cambio en tu interior. Ese es el significado básico de *justificar*—de ser "restablecido al orden". El juez que absuelve a alguien de una acusación criminal no sólo lo declara justo, sino que lo presenta ante la sociedad como estando en un orden o estatus correcto. De un párrafo que está alineado uniformemente en sentido vertical a derecha e izquierda, se dice que *está* justificado. No es simplemente que se lo *declare* justificado. Lo mismo es cierto en tu caso.

Si es que queda una partícula de decencia en tu alma culpable, cuando oyes al juez declararte inocente y decretar tu libertad, tu respuesta inmediata será tomar de todo corazón la resolución de llevar una vida ordenada en lo sucesivo, especialmente si el que te defendió en el tribunal lo hizo a costa de un gran riesgo personal para él (hablaremos más sobre el particular).

Esa escena judicial ilustra pálidamente la gran idea bíblica de la justificación por la fe. Tomando prestada por un momento la terminología judicial, la justificación es a la vez forense y efectiva, es legal y es práctica. No es el producto de acto u obra alguna que tú mismo realices. "Él [Dios] quería mostrar en el tiempo presente cómo nos hace justos; pues así como él es justo, hace justos a los que creen en Jesús" (Romanos 3:26, DHH). "Por la justicia de Uno vino a todos los hombres la justificación que produce vida" (Rom 5:18) a modo de *don* gratuito. Somos "justificados *gratuitamente* por su gracia mediante la redención que es en Cristo Jesús" (Romanos 3:24). Dios llega hasta el punto de justificar "al impío" (Romanos 4:5), y ese prodigioso resultado le cuesta a Cristo derramar "su sangre" (Efesios 1:7). Es una experiencia sublime constatar que "si Dios es por nosotros, ¿quién contra nosotros? … ¿Quién acusará a los escogidos de Dios? Dios es el que justifica" (Romanos 8:31-33).

Significado de justificación en los tiempos bíblicos

Si evitamos que nos confunda la complicada terminología de teólogos y comentadores, la propia Escritura se interpretará a sí misma, de forma que podamos comprenderla fácilmente. Así, proponemos dejar a un lado por el momento a comentadores y reformadores, y permitir que sea la Biblia misma la que explique lo que significa la expresión *justificación por la fe*. Descubrirás que realmente importa lo que cada uno cree acerca de la justificación.

1. El significado del término empleado en el Antiguo Testamento para *justificar*, en su acepción primaria, no era *hacer* justo ni *declarar* justo a alguien, sino *reconocer* la evidencia de que la persona era justa. Sólo en un sentido secundario significaba declarar a alguien justo: "Cuando haya pleito entre algunos, y acudan al tribunal para que los jueces los juzguen, estos absolverán al justo y condenarán al culpable" (Deuteronomio 25:1). Para un juez hebreo habría resultado impensable "declarar justo" a un acusado, a no ser que hubiera podido comprobar previamente las pruebas que demostraban su inocencia. Jamás habría tomado una decisión apresurada de absolución o condenación sin examinar antes detenidamente toda la evidencia disponible. Si las pruebas demandaban la absolución, no debía obviarla. No debía inclinarse en uno u otro sentido ante impresiones subjetivas basadas en el prejuicio. "Declararlo justo" no era más que la expresión pública de *reconocer* la inocencia del acusado como resultado de la investigación realizada.

Salomón esperaba que el Señor justificara "al justo para darle conforme a su justicia" (1 Reyes 8:32). Sería redundante "*declarar* justo" a alguien del que se sabe ya que *es* justo. Está presente la idea de examinar las pruebas y reconocer la inocencia del acusado (si bien en realidad no hay una sola alma que sea inocente ante Dios). "¡Ay de … los que por soborno declaran justo al culpable, y al justo le quitan su derecho!" (Isaías 5:22-23).

El sentido de justificar es aquí examinar las pruebas y declarar lo que corresponda, sin ceder a intentos de soborno o conveniencias. Por descontado, no debemos deducir que haya alguien en la tierra que pueda considerarse intrínsecamente justo ante Dios, o bien que pueda aportar el mérito que sea. Pero ese lenguaje y procedimiento judicial nos prepara para comprender el significado de la justificación por la fe según el Nuevo Testamento.

2. En la idea del Nuevo Testamento sobre la justificación vemos de nuevo que su sentido primario es *reconocer* que la evidencia de las pruebas demanda un veredicto de absolución. Pero se introduce ahora un nuevo elemento que nunca está presente en un tribunal terrenal. Hay algo que se acredita en lugar de la justicia, que permite en justicia que Dios reconozca y declare justa a la persona culpable. Pero Dios jamás hace juicios apresurados basados en sentimientos subjetivos o en acepción de personas. Tal como era el caso con el juez hebreo, está sujeto al peso de la evidencia probatoria.

Examinemos varios ejemplos del Nuevo Testamento sobre la idea de la justificación: "El pueblo entero ... lo escuchó, incluso los publicanos justificaron a Dios, bautizándose con el bautismo de Juan" (Lucas 7:29). Ese justificar a Dios no consistió ciertamente en la arrogante presunción humana de poseer el derecho de juzgar a Dios, sino que consistió en el reconocimiento de la evidencia probatoria de que Dios es justo.

"Por tus palabras serás justificado y por tus palabras serás condenado" (Mateo 12:37). De nuevo, eso es mucho más que una simple declaración de inocencia o de culpabilidad. En otro lugar Jesús afirmó que en el juicio el Padre no decretará la condenación de ninguno de los perdidos ("el Padre no juzga—condena—a nadie" Juan 5:22). Y si alguien no cree en él, Jesús afirmó igualmente que no decretará su condenación (Juan 12:47-48). ¿Por qué?—Porque la *prueba* de las "palabras" del pecador cumplirá ese cometido, y todos los que observen—incluidos los que son sometidos a juicio— lo reconocerán de forma unánime. De igual forma, la absolución de los justos descansará en una prueba fácilmente reconocible: sus "palabras" demostrando fe en Cristo.

Una paradoja sublime

El nuevo elemento que irrumpe en escena es *la justicia de Cristo*, que se *imputa* (acredita) al culpable que cree en él (ver Romanos 4:6). Eso no es ninguna treta legal celestial. Si se trata de una mera manipulación, Dios podría efectuarla sin requerir la fe del pecador. Pero es claro que la justicia de Cristo solamente puede imputarse al pecador culpable *que ejerce fe*.

Eso nos demuestra que la fe del pecador permite realizar aquello que de otra forma sería imposible para Dios: ser justo a la vez que justifica al injusto. Dios crea una paradoja sublime, una disposición maravillosa que descansa sobre un fundamento legal, pero que abarca infinitamente más que una mera legalidad. La fe del pecador libera el impedimento legal que de otra forma forzaría a Dios a abandonarlo a la merecida "paga del pecado", que es la muerte.

Evidentemente, esa fe es un elemento crucial. Responde al propio carácter de Dios de amor infinito, quien provee a Cristo como a nuestro Sustituto y hace posible la maravillosa fórmula de la justificación *por la fe*. La fe no es nunca nuestro salvador, pero hace posible que la obra de Cristo como Salvador sea eficaz en favor nuestro. Escudriñar el significado de la fe es realmente la búsqueda eterna del tesoro escondido. El gran modelo que se nos propone es la justificación por la fe tal como la experimentó Abraham: "¿Qué dice la Escritura? Creyó Abraham a Dios y le fue contado por justicia ... pero al que no trabaja, sino cree en aquel que justifica al impío, su fe le es contada por justicia ... a Abraham *le fue contada la fe por justicia*" (Romanos 4:3-9).

La fe siendo contada por justicia conlleva la misma idea de "reconocimiento" que encontramos en el Antiguo Testamento. Es radicalmente diferente de la invención católico-romana de una justicia *infundida*, recibida mediante los sacramentos. Abraham no efectuó obras rituales del tipo que fuera; no se le infundió justicia alguna—no se lo convirtió en depósito de justicia. Lo que sucedió es que *su fe le fue contada por justicia*. Aunque su fe no estuvo basada en ningún logro humano, algo trascendente y real había ocurrido en su propio interior. Tal como sucede a todo auténtico cristiano, Abraham creyó "con el corazón" "para justicia" (Romanos 10:10). Hubo algo extraordinario que enterneció su corazón: *discernió el sacrificio de Cristo en su favor*, ya que vio el "día" de Cristo y "se gozó" (Juan 8:56). Su fe consistió en el aprecio profundo y sincero hacia el sacrificio de aquel "Cordero que fue inmolado desde el principio del mundo" (Apocalipsis 13:8). De esa forma Abraham vino a ser el "padre" de todos los pecadores "justificados en su sangre"—la sangre de Cristo (Romanos 5:9).

Eso significa que la justificación *por la fe* ha de ser más que una mera declaración legal de absolución por parte de Dios.

(Por supuesto, incluye eso; pero es también una atribución o reconocimiento divino de la fe del pecador, que le es "contada por justicia"). Por consiguiente, la justificación *por la fe* va mucho más allá de una declaración legal, pues implica una reconciliación del corazón del pecador, un milagro realizado por el Espíritu Santo, quien aviva esa fe dinámica "que obra por el amor" (Gálatas 5:6). Y ese obrar de la fe en la justificación no se debe confundir con la santificación, otro término teológico al que prestaremos atención más adelante.

Pablo captó la gran idea, y debemos permitir que la exprese. Es simple y es clara, y no está en contradicción con el sentido de justicia que Dios nos ha dado. No necesitas aceptar ninguna ficción a fin de creer en la justificación por la fe. La brillante idea presentada por Pablo consiste en que la fe del pecador es contada por justicia, y esa gran idea contiene "dinamita". (En este libro, la expresión "justificación por la fe" tiene un sentido mucho más amplio que el habitual. De igual forma, la expresión "justicia por la fe" incluye tanto la justificación como la santificación por la fe, siendo ambos dones de la gracia de Dios en su plan para restaurar en los pecadores su propia imagen).

Imagina que te encuentras entre la audiencia de Pablo. En Romanos 3:19 ha constatado que todo el mundo es culpable del pecado que crucificó al Hijo de Dios, y que nadie puede ser justificado por intento alguno de obedecer la ley de Dios, por la razón simple de que "todos han pecado" transgrediéndola, y por lo tanto nadie puede lograr la rectitud mediante ella. Pero "todos" son "justificados [puestos en orden] gratuitamente" (vers. 24) mediante la gracia de Cristo, quien derramó "su sangre" por nosotros. Hay algo en ese sacrificio, que permite a Dios "manifestar su justicia, a causa de haber pasado por alto, en su paciencia, los pecados pasados" (vers. 25). Algunos lo han criticado por parecerles ilegal, injusto y hasta inmoral. ¿Cómo puede un Dios justo permitir que la justicia de una Persona buena sea atribuida a una mala persona? ¿Acaso no se trata de un subterfugio legal? ¿No es el tipo de manipulación que algunos abogados suelen practicar bajo mano?

Pablo era consciente de esa acusación. Continuó razonando que Dios es justo, y que tiene derecho a proceder así en favor de quien tiene fe, de quien cree en Jesús (Romanos 3:26). La fe viene a ser la clave suprema en esa extraña pero maravillosa transacción. La "ley … de las obras" (Romanos 3:27) es inútil al respecto. Lo que ahora rige es una nueva ley—"la ley de la fe". La fe viene a ser un principio esencial en el gran plan divino de la salvación.

Una ilustración de la verdadera justificación por la fe

Imagina a Pablo preguntando: '¿Hay algo que no quedó claro? ¡Que nadie se desanime! Tened un poco más de paciencia'. Se dice que una imagen vale más que mil palabras, y en el capítulo 4 de Romanos vamos a contemplar en el propio Abraham una imagen de la justificación por la fe. Algún día teníamos que *ver* un sermón más bien que oírlo, y el sermón de Pablo es aquí precisamente Abraham: el ejemplo por antonomasia de alguien que fue justificado por la fe. Hasta un niño puede entenderlo al ser expresado mediante una imagen.

Millones, tanto judíos como cristianos, aclaman a Abraham como a su "padre", convirtiéndolo así en el ser humano quizá más representativo de la era que precedió a la encarnación de Cristo. Pero al margen de pretensiones genéticas de ser descendencia abrahámica, Pablo afirma que Abraham solamente puede ser "nuestro padre" si tenemos la fe que él tuvo. La experiencia de su vida es nuestro propio relato, encerrado en una lucha fascinante contra la duda por décadas, durante las cuales aprendió a creer contra toda esperanza (vers. 18).

El Señor catapultó las expectativas de Abraham al prometerle hacer de él "una gran nación" de la que vendría el Mesías, y así, en Abraham serían "benditas ... todas las familias de la tierra". Sus hijos serían tan incontables como las estrellas del firmamento (Génesis 12:2-3; 13:14-16; 15:5-6). Pero, ¿en qué consiste eso que se llama fe?

Después de lo referido, el Señor pareció abandonar la escena, dejando al pobre Abraham titubeando por décadas, sin el menor indicio de que pudiera nacerle un hijo. Los demás no tenían problema para producir una descendencia abundante, mientras que él, a quien se había hecho aquella tremenda promesa que resonaba aún en sus oídos, parecía condenado a no saber lo que es tener un hijo.

Cuando abandonó Harán para dirigirse a la tierra prometida, Abraham, que por entonces tenía 75 años, estaba envejeciendo. Siendo sólo diez años más joven que él, las esperanzas de maternidad disminuían para Sara cada año que pasaba. Teniendo Abraham 86 años intentaron resolver el problema mediante un subterfugio consistente en añadir una segunda esposa. A Agar le nació Ismael. Pero el Señor rehusó reconocerlo como el heredero prometido, y comenzó a desplegarse lentamente otra década en la que tampoco habría señal alguna de embarazo por parte de Sara (Génesis 16:17). La situación parecía desesperada. Dios era poderoso: tanto Abraham como Sara estaban convencidos de ello; el problema estaba en si era su voluntad, o si no lo era que tuvieran el hijo prometido. ¿Dónde estaba el amor de Dios? Solemos tener más facilidad en creer en los milagros de su omnipotencia, que en su divino deseo por realizarlos.

Pero teniendo ya Abraham 99 años sucedió algo. El libro de Hebreos afirma que tanto él como Sara tuvieron "fe", y sucedió eso que es ginecológicamente imposible: Sara concibió. Hubo mucha alegría cuando nació el bebé Isaac. La felicidad debió ser realmente desbordante, tras décadas de continuos desengaños y de creer contra toda esperanza.

Pero para el anciano héroe las pruebas no habían hecho más que empezar. Teniendo Isaac alrededor de veinte años y gozando del amor más tierno y maduro por parte de su padre Abraham, Dios puso a prueba por última vez su fe, y se trató de la prueba más terrible a la que un santo mortal haya tenido que enfrentarse. Tenía que ofrecer a Isaac como una ofrenda ardiente sobre el mismo monte que un día estaría coronado por la cruz del Gólgota.

Una vez más, el problema al que se tenía que enfrentar el afligido Abraham era su percepción del carácter de Dios. ¿Dónde estaba el amor divino? ¿Podría creer Abraham, cuando todo parecía indicar que el Señor era un ogro cruel, tan malvado como los dioses cananeos? En la densa oscuridad de su limitación humana, ¿podría demostrar la fe que se anticipara a la declaración de Juan: "Dios es amor"?

Las debilidades propias de la edad senil convertían la prueba en aún más dolorosa, pero Abraham la abordó con enteraza y lealtad. "Ante la promesa de Dios no vaciló como un incrédulo, sino que se reafirmó en su fe y dio gloria a Dios" (Romanos 4:20, ver también Génesis 22). "Ganó" de esa forma el derecho a ese título distintivo con el que en ocasiones nos referimos a él: "el padre de los creyentes", es decir, de los que tienen una fe plena, de aquellos que aprecian y confían en el carácter de amor de Dios *aun cuando todo parece negar que tal sea el caso.*

En la experiencia vital de Abraham quedó establecido para siempre el modelo de la justificación por la fe. La fórmula de Génesis:

"Abram creyó a Jehová y [su fe] le fue contado por justicia" vino a ser la piedra angular del revolucionario concepto de la justicia por la fe que Pablo articuló (Génesis 15:6 y Romanos 4:3-9).

Cómo actúa la "ley de la fe"

Nadie puede mejorar la forma en que Abraham fue contado como justo. Todo cuanto podemos hacer es caminar en los pasos de esa fe tal como hizo Abraham; no en los pasos del mero desempeño humano—señala Pablo—sino en los pasos de la fe que Abraham tuvo. Las "buenas nuevas" de la justificación por la fe fueron tan válidas en los días de Abraham como en cualquier otro tiempo posterior.

Abraham era un pecador lo mismo que todos nosotros, y merecía lo mismo que nosotros merecemos: la muerte. "*La promesa de que sería heredero del mundo, fue dada a Abraham o a su descendencia, no por la ley sino por la justicia de la fe*" (Romanos 4:13).

Ahora bien, se debe notar que la fe de Abraham *no es* la justicia; el texto afirma que su fe *le fue contada* por justicia. Cuando él "creyó a Dios", su fe no consistió en un asentimiento intelectual a doctrinas, y tampoco fue un afán egocéntrico de recompensa. No fue una maniobra ingeniosa ante la perspectiva de asegurarse una posesión valiosa—la tierra—para él o para sus descendientes. Una "fe" como esa no habría sido más que un negocio tan ventajoso como egoísta. Su fe no consistió tampoco en un intento de escapar a los horrores del infierno. De ser así, eso lo habría convertido en un avezado oportunista. Su fe no fue una confianza motivada por un sentido egocéntrico de inseguridad.

"Con el *corazón* se cree para justicia" (Romanos 10:10). La fe de Abraham fue una vivencia del corazón, fue algo real y profundo. La fe de Abraham propició una transformación según la cual, de ser un enemigo de Dios, vino a convertirse en su amigo. De hecho, fue reconciliado con Dios a pesar de no poder aportar obra alguna digna de su justificación. *Fe* es todo cuanto tuvo, y Pablo puntualiza que eso sucedió estando aún incircunciso. Fue sólo eso, ¡pero eso era precisamente todo lo que Dios le pedía que tuviera!

La pregunta es ahora: ¿En qué consiste eso que se llama fe?

3

Lo que Cristo hizo por "todos los hombres"

La mayor parte de nosotros somos reticentes a abrir el correo "basura" por temor a resultar atrapados en algún tipo de obligación. "No me quiero implicar", es el sentir de muchos, se trate de ayudar al prójimo en sus problemas, de prestar dinero a un amigo o incluso de entrar en relación con Dios. No contraer compromisos parece ser para muchos el único proceder seguro.

Si dejo que Dios atienda sus propios asuntos mientras yo me ocupo de los míos, ¿tengo alguna obligación hacia él? Supongamos que decido que todo ese discurso acerca del cielo o del infierno no me concierne, y que prefiero vivir por mí mismo e ignorar a Dios. Nunca oro, jamás le pido nada y jamás cruzo la puerta de una iglesia. Siendo así, ¿le debo algo? Excepto por un fallo en el sistema informático, ninguna tienda *online* me puede facturar por no haberle comprado nada.

Las ideas sutiles sobre la predestinación, junto a sus conceptos asociados, llevan a muchos a sentir que no le deben nada a Dios, puesto que no han firmado formulario alguno para ingresar en el cielo. Los tales consideran que no tienen nada que ver con él, y que él tampoco tiene nada que ver con ellos más allá de ignorarlos. Las dificultades y chascos por los que han pasado parecen confirmar su impresión de que Dios los ha descartado. Quizá intentaron orar en el pasado, pero sin obtener respuesta. Durante todo ese tiempo se las han arreglado por ellos mismos, por consiguiente, ¿cómo podrían deberle algo a Dios? Al empresario que no te paga el salario, ¿le debes algún trabajo? La respuesta parece obvia.

Es aquí donde la verdad de la justificación nos dice algo a todos nosotros, a "todos los hombres": *todos deben absolutamente todo a Dios*, sea que quieran o que no quieran tener tratos con él. Todos han recibido un inmenso salario y han "comprado" de Dios una increíble cantidad de bienes. Están obligados hacia él de la forma más definida que quepa imaginar. Y esa realidad significa buenas nuevas. ¿Cómo es posible?

Si la administración de hacienda pública nos comunicara que tenemos una deuda con el gobierno equivalente a todo lo que poseemos, incluyendo hasta la última moneda que podamos llevar en el bolsillo, ¿le llamaríamos a eso buenas nuevas? Esa es precisamente la situación de nuestro libro de cuentas con Dios. Así lo afirma la enseñanza neotestamentaria de la justificación por la fe. ¡Y son buenas nuevas! No se trata de que le debamos *lo que él nos daría*—las mansiones celestiales, la vida eterna—tras haber pasado por la muerte. Le debemos todo lo que *ahora* poseemos, todo lo que hace agradable nuestra vida en *esta* tierra.

¿Buenas nuevas?

Expresado de forma muy simple, el evangelio revela el hecho de que todos y cada uno yacerían ahora en el sepulcro—un sepulcro sin esperanza posible—si Cristo no hubiera pasado justamente por ese proceso, poniéndose en el lugar de cada uno. Nuestra propia vida actual (olvida el cielo por un momento) es un dividendo inmerecido: es el "salario" que hemos recibido ya, y cada porción de comida de la que hayamos disfrutado está incluida en los bienes que hemos "comprado". La Escritura insiste en que "todos pecaron", lo que implica que todos habrían sufrido ya la paga del pecado, y "la paga del pecado es muerte" (Romanos 3:23; 6:23): la segunda muerte o la muerte eterna.

El hecho de que estemos vivos es evidencia de que se nos ha librado temporalmente de la paga del pecado. Algún otro ha recibido esa "paga" que merecíamos, dándonos vida en su lugar. Se ha cuadrado ya el libro de cuentas en favor de todos y cada uno, sea que lo sepan o no. Dios ha acreditado ya en su cuenta la vida y muerte de Otro que es justo. Esa vida perfecta y ese carácter inmaculado—en nuestra carne—es la esencia de la justicia de Cristo. La Biblia declara enfáticamente que la justificación puramente legal (o forense) fue hecha, no solamente en favor de quienes creerían, sino de todos: "Por cuanto todos pecaron y están destituidos de la gloria de Dios, y son justificados gratuitamente por su gracia mediante la redención que es en Cristo Jesús" (Romanos 3:23-24). La versión de la Biblia *New English* lo expresa así: "Todos han pecado por igual ... y todos son justificados solamente por la gracia gratuita de Dios". Él provee su gracia a todos de forma gratuita, sin distinción. Puesto que es gratuita, la gracia no puede descansar sobre logro, mérito u obra alguna de nuestra parte. "Para que todo el mundo quede bajo el juicio de Dios" (Romanos 3:19), y mediante su muerte Cristo efectúa en favor de todo el mundo una justificación legal gratuita: "Dios estaba en Cristo reconciliando consigo al *mundo*, no tomándoles en cuenta a los hombres sus pecados" (2 Corintios 5:19). "La gracia de Dios se ha manifestado para salvación a *todos los hombres*" (Tito 2:11). "Como por la transgresión de uno vino la condenación a todos los hombres, de la misma manera por la justicia de Uno vino a *todos los hombres* la justificación de vida" (Romanos 5:18).

Las buenas nuevas consisten en que esa obra *ya* se ha efectuado. Dios no tiene nada en contra de nadie, por más pecaminoso que pueda ser. Hubo Uno que murió por *todos*. Cristo hizo algo en favor de cada ser humano que puebla el mundo. "Nuestro Salvador Jesucristo ... sacó a luz la vida" para todos, "y la inmortalidad por el evangelio" para los que creen (2 Timoteo 1:10).

Lo que "todo hombre" debe a Cristo

Al valorar sus dimensiones reales comprendes que es una verdad sorprendente: la causa por la que todo ser humano puede seguir respirando, es porque "Uno murió" en su lugar. De no haber sido por el sacrificio de Cristo, yaceríamos todos en nuestras tumbas, y no hace diferencia alguna el que profesemos o no servir al Señor. "A la muerte de Cristo debemos aun esta vida terrenal. El pan que comemos ha sido comprado por su cuerpo quebrantado. El agua que bebemos ha sido comprada por su sangre derramada. Nadie, santo o pecador, come su alimento diario sin ser nutrido por el cuerpo y la sangre de Cristo. La cruz del Calvario está estampada en cada pan. Está reflejada en cada manantial. Todo esto enseñó Cristo al designar los emblemas de su gran sacrificio. La luz que resplandece del rito de la comunión realizada en el aposento alto hace sagradas las provisiones de nuestra vida diaria" (Ellen White, *El Deseado de todas las gentes*, p. 615).

El "santo" participa en la comunión por la fe, reconociendo la gracia de su Señor; *también participa* el "pecador", aunque sin fe, "sin discernir el cuerpo del Señor" (1 Corintios 11:29). De hecho, esa es la diferencia básica entre un santo y un pecador.

Ese discernimiento permitió en la mente de Pablo una inmensa transformación. Y lo mismo sucede en ti y en mí cuando "discernimos" el cuerpo de Cristo y creemos. Entonces "el amor de Cristo nos constriñe, pensando esto: que si uno murió por todos, luego todos murieron; y él por todos murió, para que los que viven ya no vivan para sí, sino para aquel que murió y resucitó por ellos" (2 Corintios 5:14-15).

En este pasaje Pablo está respondiendo a algunos que pensaban que había enloquecido. ¿Por qué dedicarse a servir a Cristo con esa devoción infatigable? ¿Por qué no instalarse en una ciudad confortable de la costa mediterránea y disfrutar de un merecido retiro? ¿Por qué persistir en esos largos viajes misioneros, en los que fue apedreado, encarcelado, azotado, sufrió naufragios, persecución y "peligros de muerte muchas veces"?

La respuesta que dio consiste en que él creía haber sido "justificado por la fe". "Uno" había muerto en su lugar. La ecuación que formuló es diáfana y es válida para "todos los hombres". Según ella, no hay ninguno, de entre "todos los hombres", que pueda reclamar como su pertenencia alguna cosa, ¡ni siquiera su próxima respiración! Todo aquello de lo que cualquiera pueda disfrutar, es suyo sólo por la gracia del Salvador, incluyendo el vehículo, la casa, su carrera, sus amigos, su dinero, el amor, un feliz matrimonio—sexo incluido—la reputación, todo cuanto es y todo cuanto posee. De aquí en adelante, la fe de los creyentes les permite apreciar el don divino de la gracia, motivándoles a vivir, no para ellos mismos, sino para Aquel que murió por ellos y resucitó. Esa motivación resulta ser la fuerza más poderosa de cuantas pueden actuar en el ser humano.

No es Pablo, sino "el amor de Cristo" el que opera. La virtud no está en un súper-hombre ni en un alma heroica compuesta de un "material" más consistente que el de las nuestras. Pablo no fue más que un común y débil pecador que ejerció una fe extraordinaria en Aquel que murió "por todos". Pablo vio algo—y eso es todo—que muchos de nosotros hemos sido demasiado ciegos para discernir: la verdad de la justificación *por la fe*, que hace al pecador obediente a toda la ley de Dios y cautiva su corazón por la eternidad.

Nadie tiene la menor posibilidad de obedecer de otra forma que no sea la descrita. Y es imposible que el que desarrolla esa fe *viva en desobediencia*, ya que su fe es una fuerza energizante que "obra". Anteriormente había estado separado de Dios, puesto que es "siendo enemigos" como "fuimos reconciliados con Dios por la muerte de su Hijo" (Romanos 5:10). Fuimos "justificados en su sangre" (Romanos

5:9). La muerte de su Hijo nos *hace* sus amigos (Juan 15:15). Si la justificación por la fe cambia a los enemigos de Dios hasta convertirlos en sus amigos, ¡ha de ser extremadamente poderosa!

Juan Bautista comprendió esa verdad cuando dijo: "No puede el hombre recibir nada a menos que le sea *dado* del cielo" (Juan 3:27). Esa es la base para el verdadero amor humano. Es la solución para los molestos problemas sociales que envenenan nuestras vidas en la actualidad. El amor, el "dulce misterio de la vida", se transforma pronto en amargura a menos que se lo acepte por fe con corazón agradecido, como siendo el don del Cielo. Tomar aquello que Dios no ha dado es el pecado de la fornicación o adulterio, el pecado de despreciar la dádiva de Dios. El matrimonio no es nuestro, sino que forma parte de esa infinita deuda que tenemos.

Lo que Pablo plantea son buenas nuevas, ya que la gracia de Dios capacita al cristiano para poner punto final a toda fornicación, infidelidad, engaño en el matrimonio y desintegración de la familia. Todo eso es extraño al espíritu del evangelio: "¿No sabéis que vuestros cuerpos son miembros de Cristo? ¿Quitaré, pues, los miembros de Cristo y los haré miembros de una ramera? ¡De ninguna manera! ¿O no sabéis que el que se une con una ramera, es un cuerpo con ella?, porque ¿no dice la Escritura: 'Los dos serán una sola carne'? … Huid de la fornicación. Cualquier otro pecado que el hombre cometa, está fuera del cuerpo; pero el que fornica, contra su propio cuerpo peca. ¿O ignoráis que vuestro cuerpo es templo del Espíritu Santo, el cual está en vosotros, el cual habéis recibido de Dios, y que no sois vuestros?, pues habéis sido comprados por precio; glorificad, pues, a Dios en vuestro cuerpo y en vuestro espíritu, los cuales son de Dios" (1 Corintios 6:15-20).

Puesto que "la fe … obra por el amor" (Gálatas 5:6), lleva a la pureza, la cual proporciona felicidad sin remordimiento: "Andad en amor, como también Cristo nos amó y se entregó a sí mismo por nosotros, ofrenda y sacrificio a Dios en olor fragante. Pero fornicación y toda impureza o avaricia, ni aun se nombre entre vosotros, como conviene a santos. Tampoco digáis palabras deshonestas, ni necedades, ni groserías que no convienen, sino antes bien acciones de gracias" (Efesios 5:2-4).

Lo sorprendente es que todo lo anterior no lo efectúa nuestra obra penosa de negar el yo, sino la fe. El poder energizante no está en nosotros, sino en el evangelio. En el próximo capítulo veremos aún más de cerca en qué consiste la fe. Queda todavía por descubrir un vasto mundo inexplorado.

En qué consiste la fe auténtica

Uno se pregunta si se ha hablado tanto de algún otro tema, comprendiéndolo tan poco como en el caso de la fe. No obstante, la fe es el componente esencial en la fórmula "justificación por la fe" de la que tanto se ha dicho. Tanto, que hay quien no quiere oír más al respecto.

Pero dado que la fe descrita en el Nuevo Testamento constituye en ella misma un mundo en gran parte desconocido, la justificación por la fe del Nuevo Testamento es también un sistema de verdad pendiente de descubrir. Si bien la justificación por la fe está destinada a alumbrar la tierra con la gloria de Dios, Cristo nos hace saber que por ahora somos "pobres", "ciegos" y "desnudos" en lo que respecta a la comprensión de la misma; sin embargo, hemos imaginado lo contrario: "Soy rico, me he enriquecido y de nada tengo necesidad" (Apocalipsis 3:17). El descubrimiento de los inmensos secretos del evangelio es una tarea más fascinante que la de los buzos buscadores del oro sumergido en antiguos navíos españoles que naufragaron.

Una razón por la que muchos encuentran aburrido el tema de la justicia por la fe tal como la presenta el relato del evangelio, es el fallo en discernir la idea dinámica contenida en la fe del Nuevo Testamento. Enemigos del evangelio protestaron en cierta ocasión en estos términos contra quienes ejercían una fe como esa: "¡Trastornan el mundo entero!" (Hechos 17:6). Esos resultados se volverán a repetir cuando sea redescubierta la auténtica verdad.

Pero la idea "evangélica" común acerca de la fe nunca podrá trastornar el mundo, ya que es egocéntrica en su esencia. Millones de cristianos suponen ingenuamente que esa preocupación centrada en el *yo* es perfectamente apropiada. En lugar de enfocar su egocentrismo en logros mundanos y materiales, simplemente transfieren esa motivación a las mansiones en el cielo, confiados en que su egoísmo se transformó así en una aspiración santa. La fe se concibe entonces como tu propia confianza en que obtendrás la gran recompensa que deseas. Pero ¿acaso no se trata de la misma raíz de egoísmo disfrazada, magnificada y espiritualizada?

Tal como la presenta el Nuevo Testamento, la fe es siempre muchísimo más que una confianza egocéntrica. El versículo mejor conocido de la Biblia provee la definición del propio Jesús sobre la fe: "De tal manera amó Dios al mundo, que ha dado a su Hijo unigénito, para que todo aquel que en él cree no se pierda, sino que tenga vida eterna" (Juan 3:16).

Es Dios quien ama. Es él quien da. Nosotros creemos (creer y tener fe se traducen a partir de la misma palabra griega). Nuestra fe, nuestro creer, depende y surge a partir del amor y dádiva de Dios. Tal como la presenta el propio Cristo, es evidente que la fe consiste en la profunda y sincera apreciación del corazón hacia el amor de Dios en la dádiva de su Hijo. Una fe como esa nunca puede ser de naturaleza egocéntrica.

Edificada sobre la definición dada por Jesús, emerge la idea poderosa que Pablo expresa sobre la fe: "*Con el corazón* se cree para justicia" (Romanos 10:10). Primeramente debe tener lugar la revelación del amor de Dios, de otra forma nadie puede creer. Por consiguiente, "la fe … obra por el amor" (Gálatas 5:6). La fe no es una emoción superficial de naturaleza sentimental, sino que gana el corazón en su nivel más profundo de afecto y compromiso. Un ser humano que desconozca esa respuesta, es alguien carente de fe, que es la expresión última del alma incrédula. Creer "con el corazón" es el despertar del amor ante la revelación del amor de Dios; no obstante, Pablo no afirma que fe sea lo mismo que amor. La experiencia de la fe genuina lleva al amor genuino. El amor es un don cuya procedencia se encuentra fuera de la naturaleza egoísta del hombre.

Pero, maravilla de maravillas, ese frío corazón pecaminoso es capaz de reanimarse y *apreciar* el amor de Dios al serle revelado en el Calvario. *Esa* es la idea de Pablo sobre la fe. Dios amó de tal modo al mundo, que concedió el don de Cristo, "a quien Dios puso como propiciación por medio de la fe en su sangre" (Romanos 3:25). A alguien le puede parecer tediosa esa terminología trillada, pero lo cierto es que cuando Pablo la expresó, evocó una respuesta magnífica en los corazones humanos.

La cruz revela las dimensiones del amor de Dios

Considera lo que sucedió cuando Jesús vino a esta tierra. El Hijo de Dios había venido a ser uno "con nosotros", alguien más próximo y entrañable que un hermano. Todas nuestras capacidades para el afecto, devoción y aspiraciones, que por largo tiempo habían estado dormidas, resultaron avivadas como nunca antes, ya que Dios había creado al hombre a su imagen. No es sólo que nosotros amáramos a Jesús en tanto en cuanto ser humano (en su debilidad podíamos amarlo como tal), sino que podíamos igualmente adorarlo. Podíamos adorarlo sin incurrir en idolatría. Fue hombre, pero fue también "Dios con nosotros" (Mateo 1:23). La tierra no había conocido jamás a una Persona como él. Nuestro amor hacia él se unía al santo temor y reverencia debidos a su divinidad.

Luego, tal como sucedió a sus discípulos, lo vemos crucificado, quebrantado, abatido, sangrante. Al ver manar su sangre tenemos la convicción indefinible de estar de alguna forma implicados en ese crimen, y reconocemos que nuestra mente pecaminosa es "enemistad contra Dios". En ese evento también nosotros—en la persona de sus discípulos—lo censuramos por amarnos hasta el punto de rehusar salvarse a sí mismo y de renunciar a todo poder político o riqueza material. Asimismo, le hemos sido infieles y lo hemos abandonado. Uno de nosotros lo ha negado y otro lo ha traicionado. Todos nosotros hemos guardado silencio y nos hemos escondido cuando se ha juzgado injustamente a Cristo.

Nunca antes la contemplación de la sangre había impresionado los corazones humanos como al verlo morir de esa forma. Fue indescriptible. La esperanza de recompensa en el cielo o el temor al castigo en el infierno, junto con cualquier otra motivación egocéntrica quedan descartadas, apareciendo en su lugar esa nueva y magnífica pasión por "la fe en su sangre".

Para Pablo esa fue *la fe* de la justificación por la fe. Su expresión "habiendo sido ya justificados en su sangre" ocurre en este contexto: "Pudiera ser que alguien tuviera el valor de morir por el bueno [tal como estaba dispuesta Alcestis a hacer por su excelente marido Admeto, según esa tragedia bien conocida por los griegos]. Dios muestra su amor para con nosotros, en que siendo aún pecadores [enemigos, según el vers. 10], Cristo murió por nosotros" (Romanos 5:7). ¡Colosal! Ese fue el mensaje de amor que revolucionó el mundo en lo antiguo.

Hay en el Nuevo Testamento dos palabras que son de importancia crucial para comprender el evangelio. La primera es 'amor' (*agape*), amor abnegado, que se entrega y sacrifica; y la segunda es subsidiaria de la precedente: 'fe'.

Agape: una palabra clave en la Biblia

Como sustantivo o bien como verbo, *agape* (amor) aparece unas trescientas veces en el Nuevo Testamento. Destaca en la ecuación sublime expresada por Juan: "Dios es amor [*agape*]" (1 Juan 4:8). Hay una "anchura ... longitud ... profundidad y ... altura" (Efesios 3:18) en el *agape*, que sólo en la cruz es posible apreciar. Es un amor tanto mayor que nuestro mejor amor humano, como lo es la montaña respecto al grano de arena.

Jamás hubiéramos podido inventar un tipo de amor como el que llevó a Jesús a la cruz, pues está por encima de este mundo; es algo que sólo puede proceder de lo alto. No depende de la bondad o belleza del objeto amado, tal como es el caso con nuestro amor humano natural. El amor divino crea valor en el objeto que de otra manera carecería del mismo, mientras que nuestro amor humano es un triste esclavo del valor de su objeto.

El *agape* no procura escalar, sino que está dispuesto a condescender "hasta la muerte de cruz" (Filipenses 2:8), hasta el equivalente de la segunda muerte, una muerte que incluye el "infierno". Un amor como ese es la maravilla de la tierra y del cielo, especialmente al tener presente que la muerte de cruz era universalmente reconocida como la maldición de Dios, la ocultación final e irreversible de su rostro. No obstante, el amor del Padre era igual al del Hijo, ya que "de tal manera amó Dios al mundo, que dio a su Hijo unigénito". El Hijo se dio a sí mismo para someterse al horror del infierno por nosotros (Juan 10:17-18).

La respuesta humana que el *agape* divino hace posible

La segunda palabra clave es *pistis*: "fe". Aparece en el Nuevo Testamento una 500 veces en su forma sustantiva o verbal. No es de modo alguno equivalente a "confianza", si bien la fe incluye un elemento de confianza. Cuando Pablo se refirió a la confianza, empleó siempre una palabra diferente (más adelante prestaremos atención a ese particular). Cuando definimos superficialmente la fe del Nuevo Testamento como confianza, estamos introduciendo un fundamento básico de inseguridad, una preocupación egocéntrica motivada por el temor. Confiamos en nuestro banco porque tememos guardar el dinero bajo el colchón. Confiamos en la policía porque tememos transitar las calles en caso de que ellos no estén patrullando por allí. Confiamos en el gobierno porque tememos el desgobierno, el caos y la anarquía. En ese tenor, nuestra afirmación de que confiamos en Cristo para la salvación puede quedar muy lejos de la magnífica fe de los apóstoles, ya que una confianza como esa puede estar confinada al radio egocéntrico de nuestra preocupación egoísta.

Ese tipo de confianza puede lucir bastante bien y parecer justificable ante el egocentrismo enraizado en nuestra naturaleza humana pecaminosa, pero *no es* la fe del Nuevo Testamento. Es preciso comprender ese gran concepto expresado repetidamente como "la fe", o en caso contrario jamás podremos entender lo que sucedió en los días de los apóstoles. Su fe dependía de una apreciación definida de lo que encierra el *agape*. Destrúyase o debilítese la idea del *agape*, y automáticamente se está destruyendo o debilitando el contenido esencial de la fe. Y dado que la justificación por la fe es el único camino por el que podemos ser "reconciliados con Dios", no es sorprendente que Satanás haya procurado astutamente corromper el significado del *agape*, de forma que pueda corromper a su vez el significado de la fe y anular de ese modo la influencia del verdadero evangelio.

Es posible seguir el rastro de esa maniobra artera en la historia temprana de la iglesia primitiva, que explica por qué hoy se prodigan tantos conceptos contrapuestos sobre la justicia por la fe.

En el capítulo siguiente examinaremos la historia emocionante de cómo Satanás robó a los cristianos sinceros la verdad del amor de Dios y la verdad de la fe del Nuevo Testamento.

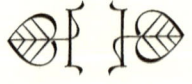

5

Cómo hizo el enemigo para robarnos la fe

El arma que utilizó Satanás para corromper la idea del *agape* fue la idea pagana de la inmortalidad natural del alma. Esa noción era casi universal, y en ocasiones llegó a infiltrar al propio judaísmo. En contraste, el concepto que presenta el Nuevo Testamento es claro: el hombre es mortal por naturaleza, y es inconsciente una vez que muere. Sólo mediante Cristo puede recibir inmortalidad, y tal cosa no puede suceder antes que resuciten los muertos, o bien tras experimentar lo que la Biblia llama traslación. Ambas cosas tendrán lugar cuando Cristo venga por segunda vez.

La noción de que el hombre posee inmortalidad natural requiere que los justos vayan directamente al cielo al morir, o bien—según algunos—a un estado intermedio llamado purgatorio. Esa enseñanza requiere asimismo que los malvados, al morir, vayan a un lugar donde la vida continúa de forma indefinida en medio de una tortura incesante y peor que la que pudiera haber inventado la Gestapo. Es evidente que una doctrina como esa no sólo hace innecesaria la resurrección de los muertos, sino que distorsiona gravemente el carácter de Dios, presentándolo como una deidad implacable y sádica.

Es todavía más grave que ese concepto pagano destruya de la forma más efectiva el significado de la cruz de Cristo, ya que corrompe la idea del amor que en ella se hizo patente. De ser cierto ese concepto, es evidente que Cristo no pudo morir en la cruz, y en tal caso Dios no habría amado al mundo hasta el punto de *dar* a su Hijo por nosotros: sólo lo habría *prestado*. Y Cristo no habría podido morir una verdadera muerte por nosotros, el equivalente a la "muerte segunda" (Apocalipsis 2:11; 20:14). Según esa perspectiva habría padecido meramente agonía física y mental equiparables a las que sufrieron infinidad de soldados heridos mortalmente en combate, quienes agonizaron en ocasiones por mucho más tiempo que Jesús cuando murió en la cruz. La idea central se reduce a que Cristo nos fue prestado sólo por un breve tiempo.

Esa noción pagana de la inmortalidad inherente del hombre interpreta que tanto Cristo como el ladrón que se arrepintió en la cruz disfrutaron aquel mismo día de una gran recompensa (la coma que los traductores han insertado estratégicamente precediendo la palabra "hoy" no existe en el original griego de Lucas 23:42). Si bien es cierto que hasta ese punto Jesús tenía conciencia de su victoria final, aquella no era la plena medida de sus sufrimientos y muerte por nosotros. Tras el episodio del arrepentimiento del ladrón, las tinieblas rodearon la cruz y Jesús entró en la terrible experiencia de sentir cómo el Padre le ocultaba el rostro, algo que jamás había conocido anteriormente. Todo eso estaba incluido en que él "experimentara la muerte por todos" (Hebreos 2:9).

El significado real de la muerte

La muerte de Cristo no es lo que superficialmente asumimos que fue. Lo que llamamos muerte no es en realidad tal cosa, puesto que la Biblia lo llama "sueño" (Juan 11:11-14; 1 Tesalonicenses 4:15-17). Jesús experimentó la *segunda* "muerte por todos", el tipo de muerte en el que no brilla ni un solo atisbo de esperanza. Es como si todas y cada una de las células de tu cuerpo, alma y mente agonizaran asfixiadas bajo el horror de una desesperación indescriptible. Para Cristo no hubo en la cruz ninguna bendita inconsciencia que mitigara la conciencia clara de esa horrible oscuridad.

Con excepción del Señor, ningún ser humano en toda la historia ha llevado la plenitud de esa carga de condenación y desesperación. Él sintió plenamente el peso de la "maldición" de Dios, que tal como afirma Pablo citando a Moisés, recae sobre "todo el que es colgado en un madero" (Gálatas 3:13; Deuteronomio 21:22-23). Ningún otro crucificado la ha sentido como la sintió él. A eso se refiere Isaías cuando afirma que Cristo "derramó su alma hasta la muerte" (Isaías 53:12).

¿Podemos imaginar el horror de una oscuridad sin fin, la soledad, el olvido, la separación eterna del Padre, la ruina más completa, la vergüenza y humillación asociadas a la pérdida?—No podemos. Misericordiosamente, no podemos comprenderlo debido a que Otro lo ha "experimentado" ya en nuestro lugar, tomando la amarga copa que a nosotros correspondía. De haberla probado nosotros, habríamos perecido. Eso es lo que él sufrió en lugar nuestro. Cristo no era un actor repitiendo en el estrado un guión aprendido; no estaba aparentando aquello que realmente no sentía. Cuando clamó "Dios mío, Dios mío, ¿por qué me has desamparado?" (Mateo 27:46), sentía exactamente lo que expresaba su exclamación. No fue el dolor causado por los clavos en sus manos o sus pies, sino el horror del olvido eterno, lo que lo hizo agonizar. Murió bajo el peso de la culpa que tomó sobre sí: la culpabilidad de todo el pecado acumulado del mundo.

Lo importante es que "en esto se mostró el amor [*agape*] de Dios para con nosotros". "En esto consiste el amor: no en que nosotros hayamos amado a Dios, sino en que él nos amó a nosotros y envió a su Hijo en propiciación por nuestros pecados" (1 Juan 4:9-10). Ajenos a la idea griega de la inmortalidad del alma, los apóstoles llegaron a comprender lo que sucedió en la cruz. Allí se desplegó ante el mundo y el universo "la anchura, la longitud, la profundidad y la altura" del "amor [*agape*] de Cristo, que excede a todo conocimiento" (Efesios 3:18-19).

Junto a esa clara visión, los apóstoles sintieron también ese gran poder ardiendo en sus corazones, una fuerza realmente colosal: "El amor de Cristo nos constriñe [nos motiva], pensando esto: que si uno murió por todos, luego todos murieron; y él por todos murió, para que los que viven ya no vivan para sí [porque encuentren imposible hacer tal cosa], sino para aquel que murió y resucitó por ellos" (2 Corintios 5:14-15). El simple hecho de contemplar la grandeza de ese amor encendió la mecha de esa profunda motivación. La fe consistió en la apreciación real y genuina de ese tipo de amor [*agape*] divino.

Cómo hacer nuestra esa fe de los apóstoles

No es necesario ser uno de los tempranos apóstoles para "ver" con los ojos aquello que ellos contemplaron. El Espíritu Santo convierte en una vívida realidad lo que oímos—con fe—en la Palabra (Gálatas 3:1; Romanos 10:17). Como les sucedió a ellos, nuestros corazones, antes alejados de Dios, vienen ahora a ser reconciliados con él por la fe, y eso significa que somos también reconciliados al mismo tiempo con su ley. Ha de ser necesariamente así, puesto que nuestra natural "enemistad contra Dios" consiste en que "la mente carnal ... no se sujeta a la ley de Dios" (Romanos 8:7). Y dado que "el cumplimiento de la ley es el amor" (Romanos 13:10), "la fe que obra por el amor" (Gálatas 5:6) produce de forma inmediata obediencia a todos los mandamientos de Dios, incluyendo el tan denostado mandamiento sobre el sábado.

En el tiempo de los apóstoles, la sensualidad, el materialismo, el amor al dinero y el lujo, vivir para uno mismo, eran tentaciones sin duda tan poderosas como lo son hoy. Nuestras derrotas humillantes ante tales tentaciones les habrían parecido a ellos un sinsentido. Sabían por experiencia que la fe *obra* con un poder que es pura dinamita. Habrían deplorado nuestra falta de entendimiento al ver cuánto nos cuesta seguir a Cristo y sacrificarnos por él. Lo que ellos experimentaron es la justificación por la fe según la claridad del Nuevo Testamento; eso hizo que revolucionaran el mundo, y que el mundo resultara crucificado para ellos (Gálatas 6:14).

¿Puedes ver por qué Satanás quería neutralizar el empuje de ese amor? En la temprana era cristiana hizo todo esfuerzo por distorsionar y confundir esa idea del *agape* hasta el punto de que Cristo tuvo que declarar apenado respecto a la iglesia de Éfeso (la iglesia apostólica temprana): "Has dejado tu primer amor [*agape*]" (Apocalipsis 2:4). Muchos de los padres de la iglesia confundieron el significado del amor hasta el punto de que Plotino—siglo III— rechazó la idea de que Dios es *agape*, atreviéndose a atribuirle la noción helenística del amor egocéntrico derivado de la creencia en la inmortalidad natural. Hacia el siglo quinto la apostasía respecto al amor estaba tan arraigada que Agustín—el padre del romanismo medieval—sintetizó las ideas opuestas del Nuevo Testamento y del helenismo respecto al amor, resultando en un concepto mixto que él llamó *caritas*, y que vino a convertirse en la doctrina básica del romanismo medieval.

Contrariamente a lo que Agustín previó, el resultado fue un sistema deplorable de salvación mediante obras meritorias. Su naturaleza egocéntrica no dejaba otra opción.

Pero la peor tragedia vino más tarde. El protestantismo heredó en general la idea de Agustín y perpetuó ese mismo principio egocéntrico. Así, la idea de la justificación por la fe que comúnmente sostuvieron los reformadores contenía la semilla de su propia corrupción final. No es sorprendente que Apocalipsis se refiera al ángel de la iglesia de la Reforma—representada por Sardis—en estos términos: "Tienes nombre de que vives y estás muerto" (Apocalipsis 3:1).

Lutero—siglo XVI—sin embargo, rechazó la noción pagana de la inmortalidad natural, y en consecuencia pudo sobreponerse en parte a aquella síntesis de Agustín, iniciando la restauración del *agape* del Nuevo Testamento. La comprensión de Lutero sobre la verdad bíblica relativa a la naturaleza del hombre le permitió tener vislumbres más claras sobre la justificación por la fe. Pero Calvino y otros reformadores se aferraron a la doctrina paganopapal, lo mismo que hicieron otros colegas y seguidores de Lutero. Debido a su idea distorsionada sobre el amor de Dios, su concepto sobre la fe resultó degradado en correspondencia. Jamás fueron capaces de escapar al radio restringido de una fe egocéntrica, lo que los incapacitó para descubrir la gran idea presente en el Nuevo Testamento.

Su preocupación estuvo siempre ensombrecida por su sentido de inseguridad y temor. '¿Cómo puedo escapar al tormento del infierno? ¿Cómo puedo estar seguro de obtener una recompensa en el cielo?' Sus mentes estuvieron siempre condicionadas por cuestionamientos como esos. No se les debe culpar por ello. Fueron grandes hombres, pero heredaron una doctrina errónea sobre la naturaleza del hombre. Sus ideas sobre la justificación por la fe estuvieron siempre tintadas de preocupación egocéntrica, particularmente por el miedo a la terrible perspectiva de un tormento eterno. Y acechando bajo la superficie subyacía siempre la idea de un Dios airado y vengativo que a duras penas merecía el nombre de Padre. El apóstol Juan comprendió que "el perfecto amor [*agape*] echa fuera el temor" (1 Juan 4:18), pero no así los reformadores, obsesionados como estaban con su doctrina de la inmortalidad natural. Esa desviación degradaba necesariamente su comprensión del sacrificio de Cristo, y en tales circunstancias era inevitable su afán egocéntrico por seguridad. Nunca pudieron sobreponerse a la bruma para contemplar en su majestuoso brillo y grandeza la justicia por la fe del Nuevo Testamento.

Entre las filas de los calvinistas la confusión de algunos llegó hasta el punto de intentar tergiversar el Nuevo Testamento atribuyéndole la enseñanza de que un Dios arbitrario predestinó a algunos para ser salvos sin importar qué creyeran, y a otros para perderse al margen de su fe. En la práctica, esa rama del calvinismo degradó la justificación por la fe convirtiéndola en justificación por la predestinación. ¡Difícilmente pueden cisternas rotas como esas ser fuentes puras del agua de vida! Lo descrito no equivale a una impugnación de la sinceridad o devoción de los reformadores de siglos pasados. Cabe decir con toda amabilidad que estaban sincera e involuntariamente confundidos debido a haber heredado el error pagano-papal de la inmortalidad natural.

Casi lo lograron

Los Wesley estuvieron a punto de sobreponerse a la confusión y ver la luz. Rechazaron la forma calvinista de predestinación, y su concepto acerca del carácter de Dios fue en consecuencia más elevado. No obstante, continuaron confundidos por la idea de la inmortalidad natural, que seguía obrando sutilmente bajo la superficie y distorsionaba la plena verdad del evangelio, haciéndolos hasta cierto punto esclavos de una preocupación egocéntrica.

Al propósito cabe decir lo que afirma Hebreos de generaciones pasadas: que "Dios tenía reservado algo mejor para nosotros" en el tiempo del fin (Hebreos 11:40). "La senda de los justos es como la luz de la aurora, que va en aumento hasta que el día es perfecto" (Proverbios 4:28). Dios honró "al ángel de la iglesia" de los reformadores, ya que prometió: "Le daré la estrella de la mañana" (Apocalipsis 2:28).

Dispersos aquí y allí durante siglos desde los días de Lutero, hubo unos pocos con visión clara que rechazaron decididamente la doctrina pagana de la inmortalidad natural. La enseñanza del Nuevo Testamento consistente en vida solamente en Cristo—o inmortalidad condicional- fue objeto de desprecio por parte de numerosos oponentes, que la llamaron *mortalismo*. Bryan Ball dice de algunos de sus adeptos en Inglaterra: "En 1646 Richard Overton fue confinado a la Torre por haber escrito un libro que presentaba el punto de vista del mortalismo, y en 1658 Thomas Hall incluyó el mortalismo en una lista de errores 'diabólicos' de aquel tiempo... En los 'Cuarenta y dos Artículos sobre Religión' de 1553 se lo había condenado por herético" (*The English Connection*, p. 159).

En los últimos días va a darse una recuperación plena del "evangelio eterno" de la justificación por la fe, tal como la experimentaron Abraham y Pablo. Y ha de materializarse en la constitución de una vasta multitud de entre "toda nación, tribu, lengua y pueblo" que proclame "a gran voz: '¡Temed a Dios y dadle gloria, porque la hora de su juicio ha llegado. Adorad a aquel que hizo el cielo y la tierra, el mar y las fuentes de las aguas!'" (Apocalipsis 14:6-7). Es imposible adorar a Dios "en espíritu y en verdad" (Juan 4:23) a menos que haya una clara percepción de su verdadero carácter, una percepción libre de toda distorsión pagano-papal. Y "la hora de su juicio" no es la hora cuando Dios condena al mundo en sádica venganza. Él ha afirmado expresamente que no va a hacer tal cosa (Juan 5:22; 12:47-48). La hora de su juicio es la hora en la que él queda absuelto y vindicado, la hora en la que la verdad clara y plena funde la bruma de una concepción minúscula y viciada acerca de él.

Lo anterior es un anuncio de la recuperación plena del *agape* del Nuevo Testamento, el único capaz de hacer honor al verdadero evangelio. Es muy significativo que el fruto de ese reavivamiento del evangelio sea el desarrollo de un pueblo que se describe como "los que guardan los mandamientos de Dios y la fe de Jesús" (Apocalipsis 14:12). Solamente el amor [*agape*] es "el cumplimiento de la ley" (Romanos 13:10). Una vez más, la fe del Nuevo Testamento consiste en la sincera y profunda apreciación de la cruz por parte de los seres humanos. Para los "santos", guardar los mandamientos no consiste en una búsqueda de seguridad pilotada por el temor, sino en la expresión natural de su inmenso aprecio hacia el Hombre del Calvario. Se glorían solamente "en la cruz de nuestro Señor Jesucristo, por quien el mundo ha sido crucificado" para ellos, y ellos han sido crucificados "para el mundo" (Gálatas 6:14). Son conscientes de que viven solamente porque "Uno murió por todos" (2 Corintios 5:14). La fe del Nuevo Testamento ve el sepulcro como la única recompensa o salario que hemos "ganado". Cualquier otra cosa que poseamos, es nuestra solamente por la gracia. Esa fe conlleva una garantía de felicidad y del final de las quejas y el descontento, de los celos y del egoísmo. ¡Tales cosas no pueden coexistir con la fe! La obediencia se da entonces de forma tan natural como el amanecer tras la noche.

El pueblo de los últimos días a quienes Dios llama "santos", siente un agradecido aprecio como el que ilustra el himno "Bajo la cruz de Jesús", del que Elizabeth Clephane es autora:

> Tras la larga sombra de la cruz,
>   a una distancia,
>   se abre un profundo sepulcro
>   y ante él se eleva la cruz:
>   dos brazos extendidos para salvar,
>   como vigilante para disuadir
>   a quienes irían al sepulcro eterno.

> Bajo la cruz de Jesús
> puedo a veces contemplar
> la silueta agonizante de Uno
> que murió allí por mí;
> y mi contrito corazón
> confiesa entre lágrimas dos grandes cosas:
> la maravilla del amor redentor,
> y mi indignidad.
>
> Tomo, oh cruz, por morada
> tu sombra protectora;
> no busco otra luz
> excepto el brillo de su rostro,
> feliz por renunciar al mundo
> sin contar pérdidas o ganancias.
> Mi yo pecaminoso, mi única vergüenza;
> mi única gloria, la cruz.

¡Elizabeth Clephane pudo muy bien haber sido la evangelista musical de Pablo! Ella vio lo que vio él: que "la fe que obra por el amor [*agape*]" (Gálatas 5:6) destruye desde la raíz cualquier forma de egoísmo humano. El corazón creyente responde en sintonía con lo expresado por Isaac Watts:

"Un amor tan sublime, tan divino, apela a mi alma, a mi vida, a mi todo".

Eso es justificación por la fe. Y nada menos que eso puede ser digno de ese nombre.

6

Más sobre esa palabra explosiva: FE

Dado que la fe es la palabra clave para comprender el poder del evangelio para transformar vidas, conviene que nos detengamos algo más en ella. Si al respecto no está clara la idea del Nuevo Testamento, todo el asunto de la justificación por la fe resultará confuso, y también aburrido.

Con total seguridad alguien se estará preguntando qué pensar de los muchos escritores y predicadores cristianos que han definido la fe como confianza. ¿Podrían estar equivocados? ¿Acaso el autor de Hebreos no define la fe en términos de confianza, en el capítulo undécimo?

El apóstol Pablo nunca empleó la palabra *fe* o el verbo *creer* de la forma en que solemos emplearlos hoy. La palabra griega más común para expresar la idea de confianza es *elpizo*, que significa "esperar". Estos son algunos ejemplos: "Las naciones, las cuales *esperarán* en él" (Romanos 15:12). "Iré a vosotros, pues *espero* veros al pasar" (Romanos 15:24). "*Espero* en el Señor Jesús enviaros pronto a Timoteo" (Filipenses 2:19). "*Esperamos* en el Dios viviente" (1 Timoteo 4:10). "La que en verdad es viuda y ha quedado sola, *espera* en Dios y es diligente en súplicas y oraciones noche y día" (1 Timoteo 5:5). En cada uno de los textos citados—y en otros más—es evidente el significado de "esperar". En ninguna de esas ocasiones empleó Pablo la palabra *pisteuo*: creer o tener fe.

Cuando los judíos dijeron de Cristo en la cruz: "*Confió* en Dios; líbrelo ahora si le quiere" (Mateo 27:43), la palabra empleada es *peitho*, que es la habitual para expresar confianza. Se emplea esa misma palabra en estos textos: "¡Cuán difícil les es entrar en el reino de Dios a los que *confían* en las riquezas!" (Marcos 10:24). "Que no *confiáramos* en nosotros mismos" (2 Corintios 1:9). "Yo *confiaré* en él" (Hebreos 2:13). El significado aquí es claramente equivalente al de nuestra palabra "confianza". ¿Cuál es la razón por la que Pablo no empleó nunca *pisteuo* (creer) para expresar la idea de confianza?

Pablo *aparenta* hacer dos excepciones, pero en realidad no se trata de excepciones. Examinaremos ambas. En ninguno de los dos casos, al traducirlas correctamente, se expresa la idea de confianza del *hombre* en Dios, sino la de *Dios* confiando en el hombre. Es interesante analizar esos usos de la palabra *pisteuo*, que en apariencia demanda ser traducida como "confianza". El tema, en ambos casos, es el hecho de haberle sido confiado el evangelio al cuidado y ministerio del propio Pablo. Ninguna palabra de nuestro vocabulario puede abarcar y expresar adecuadamente el sublime pensamiento de lo que Pablo escribió. Su empleo de *pisteuo* aquí ha de reflejar lo que contiene esa palabra cuando es usada en cualquier otro lugar del Nuevo Testamento: el profundo aprecio hacia el amor de Dios revelado en la cruz. Hemos de considerar dos pasajes de Pablo y uno de Pedro:

1 Tesalonicenses 2:4: "Dios nos aprobó y nos confió el evangelio". Los traductores, condicionados como estaban por la idea de la inmortalidad natural, no captaron el significado profundo de ese pasaje. No es por accidente que Pablo empleó ahí la palabra *pisteuo*, tan cargada de la idea de aprecio humano hacia la cruz de Cristo. Lo que expresa es esto: 'Hablamos como hombres aprobados por Dios debido a haber apreciado el evangelio', o bien 'como hombres a quienes Dios aprueba por estar enamorados o cautivados por el evangelio'. Una vez más, esa palabra *pisteuo*, se debe comprender a la luz del empleo que hizo de ella el propio Jesús en Juan 3:16.

1 Timoteo 1:11: "El glorioso evangelio del Dios bienaventurado, que a mí me ha sido encomendado [*episteuthen*]". Volvemos a encontrarnos ante la misma idea asociada al profundo aprecio por el "glorioso evangelio". ¿Es Pablo tan arrogante como para pretender que ese evangelio glorioso le fue confiado como una especie de franquicia exclusiva? Difícilmente podría significar tal cosa. Lo que busca ahí destacar en toda humildad cristiana (ver el contexto) es que el Señor encontró en él a uno que había sido profundamente conmovido y que había apreciado de corazón las buenas nuevas. Estas lo habían "cautivado". Tal era su cualificación

para proclamar el evangelio: el amor y devoción que le profesaba. Y eso es precisamente lo que dice en el versículo siguiente: "Cristo Jesús, nuestro Señor … teniéndome por fiel [*pistos*], me puso en el ministerio". Significa que el Señor consideró que Pablo estaba lleno de fe, de profundo aprecio por su gracia, y esa fue la razón por la que le encomendó el ministerio. Aun "habiendo … sido antes blasfemo", fue "recibido a misericordia" debido a que actuó "por ignorancia, en incredulidad [*apistia*]", es decir, sin fe. En aquellos días oscuros su endurecido corazón desconocía la contrición y el aprecio hacia lo que significaba la cruz. Pero "la gracia de nuestro Señor fue más abundante con la fe y el amor [*agape*] que es en Cristo Jesús" (1 Timoteo 1:13-14). En ninguno de esos pasajes se emplea *pisteuo* para expresar algo parecido a una confianza egocéntrica.

Lucas 16:12: "Si en lo ajeno no fuisteis fieles [*pisteusei*], ¿quién os dará lo que es vuestro?" Este es un caso en el que *pisteuo* tiene el significado de confianza, pero su uso no está relacionado con la justicia por la fe o con el contenido del evangelio. Jesús estaba usando la palabra en su significado común cotidiano, tal como la entendía la gente en su día, antes de darse a conocer el tremendo evento de la cruz. Ambas palabras: amor [*agape*] y fe [*pisteuo*], resultaron inconmensurablemente enriquecidas en su significado a la vista de la crucifixión, hasta el punto de cobrar virtualmente un nuevo significado. El amor de Dios revelado en el Calvario dotó a la palabra *agape* de un nuevo significado, y lo propio sucedió con el término relacionado que depende de él: la *fe*, que adquirió un significado nunca antes comprendido o imaginado. ¡Es como si ante el prodigio de la cruz hubiera necesidad de inventar una nueva terminología!

Así, ese pasaje de Lucas no puede ser la excusa para restringir el significado de la *fe* tal cual se expresa en las epístolas de Pablo. No tenemos otra alternativa que no sea comprender su uso de la palabra *fe* según la luz que emana de la cruz.

Merece nuestra atención la que se suele asumir como definición de la fe en Hebreos: "Es, pues, la fe la certeza de lo que se espera, la convicción de lo que no se ve" (Hebreos 11:1). O bien: "Por ella alcanzaron buen testimonio los antiguos. Por la fe comprendemos que el universo fue hecho por la palabra de Dios, de modo que lo que se ve fue hecho de lo que no se veía" (Hebreos 11:2-3). Ese pasaje no define la fe como una confianza egocéntrica. Se deben considerar varios factores:

1. El contexto inmediato es la discusión sobre la justicia por la fe (Hebreos 10:38: "El justo vivirá por la fe"). A menos que el pasaje no armonizara con las abundantes declaraciones de Pablo relativas a la justificación por la fe, el significado de fe debe ser aquí el mismo que encontramos en todas sus epístolas. Incluso en el caso de que Pablo no fuera el autor del libro de Hebreos, no sería de esperar que hubiera contradicción, dado que es el mismo Espíritu Santo quien inspiró al autor de Hebreos y a Pablo.

2. Es posible tener "certeza de lo que se espera" y "convicción de lo que no se ve" sin que ello implique la existencia de una motivación egocéntrica. Podemos esperar que la causa de Dios sea vindicada sin que nuestra esperanza surja a partir de nuestro sentido de inseguridad personal. La fe verdadera incluye la preocupación y anhelo por el honor y gloria de Cristo. Nuestra preocupación no se centra en llevar una corona en la casa de nuestro Padre, sino en verlo a él coronado como Rey de reyes y Señor de señores.

3. Si Pablo es el autor de Hebreos (tal como sostienen grandes autoridades), podemos tener ahí una revelación profunda de su concepto sobre la fe, una información valiosa complementaria a su uso frecuente del término en otras epístolas. Tras haber discutido, al final del capítulo 10, la eficacia de la fe en la experiencia de la justificación, en Hebreos 11:1 declara virtualmente: 'Este elemento que conocemos como fe, este conmovedor aprecio por el sacrificio del Hijo de Dios que ha transformado de tal forma nuestras vidas, esta experiencia de la fe, es la garantía o prenda que nos asegura del cumplimiento en su debido tiempo de todas las promesas de Dios. Esta fe humana que es complementaria con el *agape* divino, es en ella misma un milagro; por consiguiente, es "la certeza" de todos los milagros que aún esperamos'. Si tal razonamiento es válido, ese versículo debiera verse como una definición de la fe.

4. En el capítulo 11 el autor continúa citando ejemplos de héroes del Antiguo Testamento cuya motivación para la fe fue cualquier cosa, excepto egocéntrica. Noé "fue hecho heredero de la justicia que viene por la fe" (Hebreos 11:7), pero el tipo de temor que lo motivó no fue *phobos*, un miedo cobarde y egocéntrico, sino una santa reverencia (*eulabeia*). El "padre" de todos los creyentes, Abraham, demostró en el *tipo* (simbólicamente) el significado glorioso de la fe cuando "ofreció a Isaac", tal como Dios ofreció a su Hijo unigénito (Hebreos 11:17). Encontramos ahí un reflejo, una miniatura de Juan 3:16. Y también el resto de los "antiguos" de

tiempos pasados, débiles e imperfectos como fueron, participaron de algún modo en ese fenómeno que es la fe del Nuevo Testamento. Lo mismo que Abraham, "vieron" el día de Cristo y se gozaron. Sintieron de alguna forma que el Cordero había sido inmolado desde el principio del mundo, y si bien ninguno de ellos lo vio con la claridad con que lo vieron los apóstoles, todos tuvieron una cierta noción acerca de la cruz, y sus corazones fueron profundamente conmovidos en consecuencia. *Esa* fue su fe.

Pero ¿acaso el versículo 6 no dice que la fe consiste en una procura de recompensa? "Sin fe es imposible agradar a Dios, porque es necesario que el que se acerca a Dios crea que él existe y que recompensa a los que lo buscan". En la versión *King James* de la Biblia hay ciertas palabras escritas en cursiva, indicando que no figuran en el original, sino que fueron añadidas a fin de completar la idea que se le suponía al texto. Esta sería una traducción literal del texto: "Sin fe, imposible complacerle, dado que quien acude a Dios debe creer que existe; y para quienes lo buscan, él viene a ser un galardonador". El texto griego no expresa la idea de que la fe sea una procura egocéntrica de recompensa.

Disponiendo de esa clave, uno puede descubrir en la Biblia tesoros de verdad. La fe no es una colección de doctrinas o un credo al que asentir intelectualmente. Tal como sucede con la matriz y el tipo en una imprenta, el prodigioso *amor* de Dios tiene su contraparte en la *fe* humana. En quienes de otra forma serían pecadores sin esperanza, el sacrificio de Cristo suscita una sincera respuesta complementaria: "la fe en su sangre" (Romanos 3:25). Abraham supo en qué consistía. Las lágrimas debieron correr por sus mejillas cuando "creyó Abraham a Dios y le fue contado por justicia" (Romanos 4:3). Su alma se conmovió hasta el punto de no retroceder ante el sacrificio de su hijo en el monte Moria.

La declaración quizá más contundente en los escritos de Pablo es esta: "Todo lo que no proviene de fe, es pecado" (Romanos 14:23). Sólo "con el corazón se cree para justicia" (Romanos 10:10). Si la salvación se lograra mediante obras, habría muchísimos que se creerían calificados para ella (si bien ni uno solo sería apto para el cielo). Pero la salvación es sólo por la fe, y Jesús previó que "cuando venga el Hijo del hombre" hallará solamente a unos preciados pocos que la posean (Lucas 18:8).

¿Por qué? "Por haberse multiplicado la maldad, el amor [*agape*] de muchos se enfriará" (Mateo 24:12). "Maldad" es aquí *anomia*: odio hacia la ley de amor [*agape*]. Según Romanos 13:10 "el cumplimiento de la ley es el amor". El gran pecado de todos los tiempos es el que impidió al antiguo Israel entrar en su tierra prometida: la incredulidad (ver Hebreos 3:19), la dureza del corazón, la falta de aprecio hacia la cruz en la que murió por nosotros el Príncipe de gloria.

Refiriéndose a la incredulidad de Israel, el autor de Hebreos nos ruega: "Temamos, pues, no sea que permaneciendo aún la promesa de entrar en su reposo, alguno de vosotros parezca no haberlo alcanzado" (Hebreos 4:1). Si bien el temor no es la motivación apropiada para el evangelio, la ausencia de la fe del evangelio debiera hacernos temblar, ya que esa fatal incredulidad tomará las riendas del corazón humano que carezca de una comprensión clara del evangelio. La incredulidad conlleva una insensibilidad para recibir las impresiones. Los que ceden a ella están "crucificando de nuevo para sí mismos al Hijo de Dios y exponiéndolo a la burla" (Hebreos 6:6).

Una experta autora ha articulado la que cabe considerar una definición de la fe, que armoniza perfectamente con el concepto bíblico del Nuevo Testamento: "Puedes decir que crees en Jesús cuando aprecias el costo de la salvación. Puedes afirmar tal cosa cuando sientes que Jesús murió por ti en la cruel cruz del Calvario; cuando tienes una fe inteligente que comprende que su muerte hace posible que dejes de pecar y que perfecciones un carácter justo mediante la gracia de Dios que te es otorgada como compra de la sangre de Cristo" (Ellen G. White, *Review and Herald*, 24 julio 1888).

Charles Wesley lo comprendió así cuando oró:

Dame, Dios mío, un corazón que te alabe
un corazón libre de pecado
un corazón que aprecie siempre tu sangre
derramada tan generosamente por mí

No sería impropio que oráramos con John Newton: "Dame un corazón sensible, ojos que sepan llorar y una mente humilde".

Cuando nuestro Señor predijo que en los últimos días se multiplicaría "la maldad" [*anomia*] (Mateo 24:12), pudo estar refiriéndose a la incursión sutil de la idea propia del anticristo en nuestras conciencias en estos últimos días. Pudo estar refiriéndose a una falsificación de la justificación por la fe que no produce obediencia a todos los mandamientos de Dios, y que en consecuencia produce *anomia*. Una falsificación como esa carece de un ingrediente vital: el *agape*, y en consecuencia, de la genuina fe del Nuevo Testamento. El gran engaño secular consiste en religión sin *agape*, sin fe, una religión que utiliza cuidadosamente la terminología apropiada, pero que carece de su contenido esencial, del gran nutriente espiritual. Si la dieta de justificación por la fe con la que nos nutrimos está desprovista de sus vitaminas y minerales, la *anomia* resultante vendrá a resultar en anemia espiritual.

Pero nuestro Señor hace la animadora promesa de que "será predicado este evangelio del reino en todo el mundo, para testimonio a todas las naciones" (Mateo 24:14) antes que venga el fin. Dado que la administración divina del evangelio procede del ministerio sumo-sacerdotal del propio Cristo, debemos procurar comprender la forma en que su obra en el santuario celestial es la verdadera avenida mediante la cual el Espíritu Santo ministra hoy los beneficios de la justificación por la fe a sus hijos que creen. Esa luz hace posible distinguir entre el engaño para los últimos días y el artículo genuino.

En un capítulo posterior exploraremos el eslabón que une "este evangelio del reino" con la obra final de Cristo como sumo sacerdote en el lugar santísimo del santuario celestial, y que pone en evidencia la falsificación de ambos: el evangelio y el sumo sacerdocio.

Pero a continuación vamos a descubrir en qué consiste la santificación, y si viene por la fe o por las obras. ¿O quizá por ambas?

7

Sigue creyendo y no caerás

En la justificación por la fe no está implicada ni una partícula de obras humanas. Sería ciertamente un crimen distorsionar la fe de modo que bajo un discurso de "salvación por la fe" se escondiera en realidad una doctrina de salvación por obras.

No somos salvos por la fe *y* por las obras, sino por la fe *que* obra. Y no es exagerado afirmar que somos salvos *sólo por la fe*: tal es la simple y pura enseñanza del Nuevo Testamento (Hechos 16:30-31; Marcos 5:36; Lucas 8:50, etc). Pero no se trata de una fe "muerta". Con la condición de que se perciba claramente el amor de Dios, y de que no esté presente la distorsión pagano-papal, la fe resultante "obra" (siendo "obra" un verbo, no un sustantivo). Dado que la fe está motivada por el amor genuino, producirá obediencia continua a todos los mandamientos de Dios. Es de esa forma como "es poder de Dios para salvación de todo aquel que cree" (Romanos 1:16).

La pregunta hora es: el que ha sido justificado por la fe, ¿debe continuar por sí mismo? ¿Es como el avión que tras lograr la adecuada sustentación aerodinámica debe mantener su velocidad o estrellarse? Esa idea ha atemorizado a muchos. Algunos imaginan a Dios ocultándose en la sombra, con sus divinos brazos cruzados, diciendo: 'Te llevé a la justificación por la fe. Ahora te toca a ti continuar con tu propia santificación. Espero que lo consigas, aunque la mayor parte de la gente nunca lo logra. ¡Buena suerte!'

¿Dónde situar esa línea estrecha que separa la justificación por la fe, de la santificación? ¿Se da la santificación mediante las obras, mediante nuestro propio y agonizante esfuerzo? ¿O es quizá en parte por la fe y en parte por las obras?

Dado que comentadores y teólogos han confundido en ocasiones el foco de la justificación por la fe, es razonable suponer que les haya resultado igualmente posible confundirse en la santificación. Al investigar en el Nuevo Testamento el concepto de la justificación, es posible que descubramos al mismo tiempo en qué consiste la santificación. Justificación y santificación son distintas, pero *jamás van separadas*.

Santificación: la obra de Dios

Todo el que sea justificado por la fe según presenta el Nuevo Testamento, está automáticamente en el proceso de la santificación. Nunca ha de mover el conmutador desde la justificación a la santificación. "De la manera que habéis recibido al Señor Jesucristo, andad en él ... confirmados en *la fe*" (Colosenses 2:6-7). En esa declaración de Pablo, "la fe" no equivale a un credo ni a un conjunto de doctrinas, sino a una profunda y sincera apreciación de la cruz de Cristo. El método sigue siendo el mismo: *la fe*.

"Justificados, pues, por la fe ... tenemos entrada por la fe a esta gracia en la cual estamos firmes" (Romanos 5:1-2). En la santificación es el Señor quien nos lleva de la mano, tal como hizo en la justificación. La fe *continúa* obrando por el amor, siempre en tiempo presente.

El Señor nunca nos deja volar por nosotros mismos de forma que si perdemos velocidad nos estrellemos. La santificación nunca viene por las obras. Tampoco es de modo alguno una mezcla de fe y de obras, en el sentido de esfuerzos motivados egocéntricamente. Nunca podremos anotarnos un acto meritorio y ser así acreedores de una recompensa. Cristo dijo claramente a Pablo que lo enviaba para abrir los ojos a los gentiles "para que se conviertan de las tinieblas a la luz y de la potestad de Satanás a Dios; para que reciban, *por la fe* que es en mí, perdón de pecados y *herencia entre los santificados*" (Hechos 26:18). No leemos en parte alguna del Nuevo Testamento que nos corresponda santificarnos a nosotros mismos. Al contrario, la persona que recibe el evangelio es "santificada por el Espíritu Santo" (Romanos 15:16). Jesús oró para que el Padre nos santifique (Juan 17:17), y también Cristo santifica y purifica a su iglesia (Efesios 5:26).

Lo anterior queda resumido en la declaración abarcante: "Que *el mismo Dios* de paz *os santifique* por completo; y todo vuestro ser, espíritu, alma y cuerpo, sea guardado irreprochable para la venida de nuestro Señor Jesucristo. Fiel es el que os llama, el cual también lo hará" (1 Tesalonicenses 5:23-24).

El Señor no claudica fácilmente. "El que comenzó en vosotros la buena obra la perfeccionará hasta el día de Jesucristo" (Filipenses 1:6). *Esa buena obra que él hace en nosotros es la santificación.*

Parte del error de los Gálatas consistió en que algunos supusieron que tenían que mantener por ellos mismos la velocidad de crucero, o estrellarse: "¡Gálatas insensatos! ¿Quién os fascinó para no obedecer a la verdad, a vosotros ante cuyos ojos Jesucristo fue ya presentado claramente crucificado? Esto sólo quiero saber de vosotros: ¿Recibisteis el Espíritu por las obras de la ley o por el escuchar con fe? ¿Tan insensatos sois? Habiendo comenzado por el Espíritu, ¿ahora vais a acabar por la carne? ... Aquel, pues, que os da el Espíritu y hace maravillas entre vosotros, ¿lo hace por las obras de la ley, o por el oír con fe?" (Gálatas 3:1-5). Obsérvese que "las obras de la ley"—obras rituales—es una traducción correcta del original, y NO equivale a verdadera obediencia a la ley. En ese contexto, las "obras" significan el esfuerzo egocéntrico por obtener una recompensa.

El esfuerzo humano no es el medio de la santificación. Cristo nos justifica, y el Espíritu Santo nos santifica; pero aquello que suscita la fe desde el principio—Cristo crucificado—mantiene la fe activa todo el tiempo. "Oír con fe" es lo que permite que el Espíritu Santo haga su labor durante todo el proceso.

¿Significa lo anterior que no hemos de hacer nada? ¿Se trata simplemente de abstenerse, de la herejía del "quietismo", consistente en dejar que el Señor lo haga todo mientras que nosotros nos dejamos llevar al cielo sin realizar esfuerzo alguno? Si bien es cierto que el Señor obra la santificación con tal que sigamos creyendo, nosotros *tenemos* un papel en ese proceso, y es un papel muy importante.

Tal como sucede en la justificación, nuestra parte es ejercer fe, y esa fe no consiste en "las [egocéntricas] obras de la ley". Consiste en responder positivamente al influjo constante del amor de Cristo, el cual nos motiva a dejar de vivir para nosotros mismos, y a vivir para Aquel que murió y resucitó por nosotros. Es así como somos "santificados por la fe" en Cristo (Hechos 26:18).

Lo que convierte en fácil nuestra batalla

Si bien es el Espíritu Santo quien hace verdaderamente la obra, nuestra parte es "permitirle" que la realice, y es una parte importante. Nuestra "mente carnal" lucha continuamente contra él. Si no le permitimos que nos santifique, se entristece, y su obra resulta impedida. "Haya, pues, en vosotros este sentir [esa mente] que hubo también en Cristo Jesús" (Filipenses 2:5). "La paz de Dios gobierne en vuestros corazones ... la palabra de Cristo habite en abundancia en vosotros" (Colosenses 3:15-16). A nosotros toca elegir; lo que el Señor obra en nosotros depende siempre de nuestra elección de permitirle que lo realice. "Lo que necesitáis comprender es el verdadero poder de la elección. Tal es la fuerza que rige en la naturaleza del hombre: el poder de decidir, de escoger. Todo depende del correcto ejercicio del poder de elección. Dios ha conferido al hombre el poder de escoger; a él corresponde ejercitarlo. No podéis cambiar vuestros corazones, no le podéis dar sus afectos por vosotros mismos; pero podéis *elegir* servirle. Podéis entregarle vuestra voluntad; entonces él obrará en vosotros así el querer como el hacer, por su buena voluntad" (Ellen White, *Steps to Christ*, 47).

En Ruanda, cerca de donde hoy está Mugonero, un león devorador de personas estaba atemorizando a los africanos de un poblado. Era terrible, nadie se sentía seguro, y acudieron al Dr. John Sturgess para pedirle que persiguiera con su arma al ofensor.

Sturgess tomó consigo su Mauser calibre 7 mm, la puso en orden de disparar y salió acompañado de su guía. Caminaron un largo trayecto, cuando por fin el guía señaló: "Aquí es donde vimos al león por última vez".

El misionero buscó en su mochila las balas, y descubrió horrorizado que las había olvidado en la misión.

"¡Rápido, ve a la misión y tráeme las balas! Te esperaré aquí", dijo al guía.

El misionero decidió esperar recostado en un tronco que había por allí, y se quedó adormecido. Le despertó el ruido procedente de unos matorrales, y al girarse vio al león mirándolo de frente.

Comprendió que ahora de nada valía su pistola. Ponerse a correr equivalía a suicidarse. Cuando el león dio un paso hacia él, el misionero respondió con otro paso—tembloroso—hacia el león, quien adoptó la postura de acecho en preparación para atacarlo.

Sturgess comprendió que se imponía tomar una decisión

inmediata. Arrojando su inútil pistola, dio un paso más hacia el enemigo. Percibiendo que la fiera dudaba por un instante, decidió dar la vuelta a las cosas respecto al desenlace habitual y cargó contra el león: saltó hacia él entre gritos y gestos amenazantes.

La fiera quedó desconcertada. ¿Cómo podía atacarlo esa pequeña criatura con sólo dos patas, rugiendo y amenazándole como si fuera el rey de la selva? Quedó tan sorprendido que dio media vuelta y huyó.

"Vuestro adversario el diablo, como león rugiente, anda alrededor buscando a quien devorar" (1 Pedro 5:8), pero nosotros tenemos el mando. Dios nos ha dotado con el poder de elegir; Cristo ha dado a "todos los hombres" libertad para ejercer ese poder. Una elección firme y decidida nos hace los reyes de la selva de Satanás, de forma que se cumple: "Someteos, pues, a Dios; resistid al diablo, y huirá de vosotros" (Santiago 4:7). Mediante el "correcto ejercicio del poder de elección", activando esa autoridad que Dios nos ha dado, "sobre el león y la víbora pisarás; herirás al cachorro del león y al dragón" (Salmo 91:13).

Escoge decir NO

Miles de fumadores han abandonado el hábito mediante una fórmula simple: "Decido no fumar". Cuando nos asalta la tentación, nuestra parte consiste en *elegir* no ceder. Eso permite que el Espíritu Santo entre en acción. Aunque tu voluntad sea débil, sigues siendo el dueño. El tentador jamás puede forzarte a ceder al mal en contra de tu decisión.

"Nadie puede ser forzado a transgredir. Primero tiene que dar su consentimiento; el alma tiene que proponerse cometer el acto pecaminoso antes que la pasión pueda dominar la razón o que la iniquidad triunfe sobre la conciencia. Por fuerte que sea la tentación, nunca es una excusa para el pecado" (Ellen G. White, *Testimonies*, vol. 5, p. 177).

La "buenas nuevas" relativas a la santificación por la fe están bellamente expresadas en la carta de Pablo a Tito: "La gracia de Dios se ha manifestado para salvación a toda la humanidad, y nos enseña que, renunciando a la impiedad y a los deseos mundanos, vivamos en este siglo sobria, justa y piadosamente, mientras aguardamos la esperanza bienaventurada y la manifestación gloriosa de nuestro gran Dios y Salvador Jesucristo. Él se dio a sí mismo por nosotros para redimirnos de toda maldad y purificar para sí un pueblo propio, celoso de buenas obras" (Tito 2:11-14).

Ante la tentación ¿sabes cómo pronunciar esa palabra: "NO"? "La gracia de Dios" te enseñará a hacerlo. Nos enseña a ser los dueños, los reyes; y ni una sola de las seductoras tentaciones del enemigo puede prevalecer ante ese "NO" que implica nuestro "correcto ejercicio del poder de elección".

¿Cómo hace la gracia de Dios para conseguir enseñarnos a nosotros, esquivos mortales, esa maravillosa habilidad? Proveyéndonos una motivación doble: (a) el aprecio por Cristo, quien "se dio a sí mismo por nosotros", y (b) la vibrante anticipación de permitirle "purificar para sí un pueblo" que esté listo para honrarle en su "manifestación gloriosa". ¡Funciona!

¿Es difícil hacer esa elección? Cuando te enamoras de alguien, ¿es difícil olvidar a los demás y allegarte a la persona querida? La motivación del amor de Cristo convierte a todas las seducciones del mundo en un tenue reflejo, por comparación con el deslumbrante y puro brillo del sol. Cuando llevamos el yugo con Cristo es él quien soporta la carga.

En eso consiste "vivir por el Espíritu" o "andar en el Espíritu". Es la constante elección de decir "¡NO!" a la tentación, y "¡SÍ!" al Espíritu Santo, quien no nos deja nunca, sea de día o de noche, veinticuatro horas al día. Está siempre a nuestro lado, está constantemente con nosotros. "Entonces tus oídos oirán detrás de ti la palabra que diga: 'Este es el camino, andad por él y no echéis a la mano derecha, ni tampoco os desviéis a la mano izquierda'" (Isaías 30:21).

Esa respuesta de fe no es salvación por obras ni siquiera en un 1%. "Andamos por fe" (2 Corintios 5:7). De igual forma en que respondemos mediante la fe a las buenas nuevas de la justificación, así también respondemos con esa misma fe a los impulsos del Espíritu (Colosenses 2:6). Permitimos que en nosotros haya la misma mente que hubo en Cristo (Filipenses 2:5). Cuando fue severamente tentado, Cristo clamó: "No sea como yo quiero, sino como tú … hágase tu voluntad" (Mateo 26:39-42). Así es como él ejerció su propio poder de elección. "He descendido del cielo, no para hacer mi voluntad, sino la voluntad del que me envió" (Juan 6:38). Fue realmente una prueba tremenda, pero Cristo obtuvo la victoria tal como ha de ser en nuestro caso: mediante el "correcto ejercicio del poder de elección".

Aun siendo cierto que "Dios es el que en vosotros produce así el querer como el hacer, por su buena voluntad" (Filipenses 2:13), él nunca va a elegir en lugar nuestro, ni nos va a excusar por abstenernos de ejercer nuestra facultad de elegir. Puesto que el Señor nos da el Espíritu Santo y nos dice: "Este es el camino", y puesto que nos da también el poder para responder, está obrando en nosotros "el querer". Pero nunca ignora o violenta nuestra propia decisión. Ni siquiera todos los ángeles del cielo tirando juntos de nosotros pueden lograr que hagamos una elección favorable, de igual forma en que tampoco pueden todos los ángeles caídos forzarnos a tomar una decisión equivocada.

Dado que podemos elegir que en nosotros haya la misma mente que hubo en Cristo, ¿significa eso que el creyente se está salvando a sí mismo mediante sus propios esfuerzos? ¿Es el sometimiento a la dirección del Espíritu Santo una religión de "hágalo usted mismo" en la que nos arreamos tirando de nuestras propias riendas? ¡De ninguna forma! Si bien no podemos salvarnos a nosotros mismos ni en un uno por ciento, podemos permitir a nuestro Señor que nos salve al cien por ciento.

La dirección asistida como ilustración del evangelio

Si hacemos las elecciones adecuadas, estamos "andando en el Espíritu". Permitimos que haya en nosotros la mente que hubo en Cristo, en el sentido de motivación. Es como beneficiarse de la dirección asistida en un camión pesado. No hay forma de hacer girar las ruedas delanteras con la fuerza de los brazos; pero si el motor está en marcha, tu elección de girar a derecha o izquierda es todo cuanto se necesita; la más mínima presión en el aro del volante activa la bomba de presión, que es la que realiza el trabajo. Aunque la dirección asistida era un concepto desconocido en los días de Pablo, él comprendía bien el secreto de la santificación por la fe: "Andad en el Espíritu y no satisfagáis los deseos de la carne, porque el deseo de la carne es contra el Espíritu y el del Espíritu es contra la carne; y estos se oponen entre sí para que no hagáis lo que quisierais" (Gálatas 5:16).

Así, se trata siempre de buenas nuevas. La fuente de poder es el Espíritu Santo. Entrégale tu voluntad. Haz la elección de andar en su camino, y de acuerdo con el texto original del pasaje que acabamos de leer, no *podrás* ser vencido por los deseos de tu "naturaleza pecaminosa" por más poderosa que parezca o por mucho tiempo que hayas estado andando en malos hábitos. La razón es muy simple: el Espíritu Santo es más fuerte que la "carne", del mismo modo en que la luz es más poderosa que las tinieblas y el amor más que el odio.

A nosotros, los humanos, nos resulta difícil asimilar la verdad de que tenemos un Salvador como ese. ¡Un Salvador real! Él no nos deja a merced de nosotros mismos. Nos da alas, y si creemos con el tipo de fe que revela el Nuevo Testamento, no *podemos* estrellarnos.

8

La obra del Espíritu Santo: buena nueva constante

Te sorprende que sea así? ¿Te extraña que la obra del Espíritu Santo también signifique buenas nuevas? Son muchos los que conciben a Dios como siendo un aguafiestas celestial que prohíbe todo lo que es agradable. 'Si continúas haciendo lo que te gusta, te perderás. La única forma de salvarte es haciendo lo que no te apetece, que es como ir cuesta arriba y en régimen de trabajos forzados todo el tiempo. Y lo que es peor: privarte de hacer lo que quisieras, es pura tortura…' Suponen que "la fe de Jesús" consiste en eso.

¡No hay nada bueno en "buenas nuevas" como esas! La Biblia presenta una idea enteramente diferente:

1. *El Espíritu Santo es quien hace la labor ardua*. Como ilustra el caso de mi amigo africano, somos conscientes de la tremenda presión que nos impone continuamente nuestra naturaleza pecaminosa. Pero las buenas nuevas consisten en que no se nos abandona para que peleemos solos contra esas fuerzas que nos arrastrarían a la ruina y la muerte. El Espíritu Santo libra la batalla; nuestra parte es "permitirle" que lo haga. La verdad sorprendente del mensaje de Pablo merece ahora un estudio más detenido: "Andad en el Espíritu y no satisfagáis los deseos de la carne, porque el deseo de la carne es contra el Espíritu y el del Espíritu es contra la carne; y estos se oponen entre sí, para que no hagáis lo que quisierais" (Gálatas 5:16-17).

Evidentemente, "lo que quisierais" es aquello que tu naturaleza pecaminosa te incita a hacer, ya que Pablo continúa diciendo: "…

obras de la carne, que son: adulterio, fornicación, inmundicia, lujuria, idolatría, hechicerías, enemistades, pleitos, celos, iras, contiendas, divisiones, herejías, envidias, homicidios, borracheras, orgías, y cosas semejantes a estas" (Gálatas 5:19-21). Todas esas cosas son lo que un cristiano como tú, lleno del Espíritu, no puede hacer, incluso si tu naturaleza pecaminosa quisiera que las hagas. Y no puedes hacerlas debido a que alguien mucho más poderoso que tu naturaleza pecaminosa, el Espíritu Santo, ganó la batalla.

Es como si una garantía por escrito te dijese: "*No vas* a satisfacer los deseos de la naturaleza humana". El Espíritu Santo es el Enemigo del pecado, y es él quien lucha. Es como introducir en tu sistema circulatorio la medicina que combatirá los parásitos causantes de la malaria. Una vez que has "permitido" que se te administre por vía intravenosa el medicamento antimalaria, este comienza su acción de forma inmediata, ya que se opone a los parásitos. No eres *tú* quien combate la malaria; de hecho, no hay nada que puedas hacer para combatirla por ti mismo. El hombre más fuerte cae abatido bajo la enfermedad a menos que cuente con ayuda exterior. Es la medicina la que actúa eficazmente.

Así, Pablo aconseja: 'Permitid que el Espíritu dirija vuestras vidas' tal como permitís que se os administre el medicamento. Cuando dais vuestro consentimiento, *él* se pone a la obra.

Si, por el contrario, creyeras que el texto está diciendo que la "carne" (nuestra naturaleza pecaminosa) es más poderosa que el Espíritu Santo, estarías creyendo las nuevas más nefastas que quepa imaginar. Es evidente que de no contar con la asistencia del Espíritu Santo estaríamos en desesperada esclavitud a los clamores de la "carne". Pero leemos cómo el Espíritu Santo obra eficazmente oponiéndose a los clamores de la naturaleza pecaminosa. Si fuera cierto que el Espíritu Santo puede ser derrotado en esa lucha, de forma que prevalezca la carne, entonces, evidentemente, el sentido sería que "no hagáis" las *buenas* cosas que quisierais. Y esa es la conclusión a la que llegan muchos: que el Espíritu Santo es derrotado. No puede haber peores nuevas que esas.

Si crees que el Espíritu Santo es más poderoso que la carne, eso son ciertamente buenas nuevas maravillosas. Todos somos conscientes de la presión constante de esa "voluntad de la carne y de los pensamientos" que emerge constantemente y procura ganar nuestro consentimiento. Puesto que hemos cedido en ocasiones anteriores, resistir ese impulso resulta particularmente difícil (Efesios 2:2-3). Pero debido a que el Espíritu Santo está a la obra de dominar la carne, de actuar contrariamente a ella, gana la batalla, y no podemos hacer las malas cosas a las que somos tentados, a condición de que sea firme nuestra elección de permitir que él pelee en nuestro favor nuestras batallas. Entonces opera en nosotros algo así como un principio de "nobleza obliga", y se nos guarda efectivamente de caer en el pecado.

Tales son las buenas nuevas dinámicas que Pablo está tratando de darnos. ¡Jamás nos daría malas nuevas! La versión *New English* de la Biblia traduce así Gálatas 5:16-17: "Si os guía el Espíritu Santo, no satisfaréis los deseos de vuestra naturaleza inferior. La naturaleza establece sus deseos contrarios al Espíritu, y el Espíritu lucha en su contra. Ambos están en conflicto, de forma que no podáis hacer lo que querríais hacer".

Es aún más específica la versión *Revised Standard*: "Los deseos de la carne son contrarios al Espíritu, y los deseos del Espíritu contrarios a la carne, ya que estos se oponen uno al otro, evitando que hagáis lo que haríais [gratificar los deseos de la carne]".

Cristo lleva a cabo la lucha mediante el Espíritu Santo. Tal como proclamó en su oración al Padre en Juan 17:1-2, él tiene "potestad sobre toda carne". Su Vicario en la tierra, el Espíritu Santo, es siempre más poderoso que los deseos egoístas de nuestra naturaleza pecaminosa. Por consiguiente, nuestro primer paso ha de ser simplemente creer esa verdad.

La versión de la Biblia *Today's English* clarifica un detalle importante en uno de los textos citados: "Permitid al Espíritu dirigir vuestras vidas, y no satisfaréis los deseos de la naturaleza humana [pecaminosa]" (Gálatas 5:16).

Quizá eso sea totalmente diferente a lo que se te enseñó. Es posible que no comprendieras hasta qué punto el evangelio son buenas nuevas. Mi compromiso es manifestarte lo que la Biblia realmente enseña, y no he encontrado nada en ella que contradiga las buenas nuevas que Pablo nos trae aquí.

2. Se envía el Espíritu Santo a todo el que crea las buenas nuevas. Jesús prometió: "Rogaré al Padre y os dará otro Consolador, para que esté con vosotros para siempre: el Espíritu de verdad, al cual el mundo no puede recibir, porque no lo ve ni lo conoce; pero vosotros lo conocéis, porque vive con vosotros y estará en vosotros" (Juan 14:16-17).

Ni Consolador ni Ayudador (según versiones) son una traducción perfecta de la palabra que Jesús empleó: *parakletos*, su forma de presentarnos al Espíritu Santo. El mundo no puede recibirlo, sin embargo, "vive con vosotros y estará en vosotros". *Parakletos* significa dos cosas: (a) está con nosotros todo el tiempo (*para*, como en "paralelo"). Las dos vías de un tren discurren una junto a otra todo el tiempo; de esa forma el Espíritu Santo estará "con vosotros para siempre". (b) Se lo llama *kletos*: "llamado a estar". Nos es enviado del Padre para ocupar el lugar de Cristo en nuestra hora de necesidad. Es de ese modo el verdadero Vicario del Hijo de Dios, algo así como el Vicepresidente de Cristo. Se nos da; es para nosotros. Se trata una vez más de buenas nuevas.

Pero, ¿no es acaso una tarea ardua recordar todo lo que debes recordar y andar por el buen camino?—No, el Espíritu Santo se encarga de todos esos problemas.

3. *Te recuerda constantemente lo que necesitas saber y te muestra el buen camino*. Es tan paciente y persistente contigo como si fueras la única persona a la que hubiera de cuidar en la tierra. De hecho, es *infinitamente* paciente por la razón simple de que él es infinito. Jamás un maestro instruyó a un alumno en su carrera tan fielmente como el Espíritu Santo lo hace contigo. Jesús dijo: "El Consolador, el Espíritu Santo, a quien el Padre enviará en mi nombre, él os enseñará todas las cosas y os recordará todo lo que yo os he dicho" (Juan 14:26).

¿Cómo podría irte mal disponiendo de una ayuda como esa, a menos, por supuesto, que escogieras no permitirle que te asista? El Espíritu Santo nos hace recordar todo lo que Cristo nos enseñó cuando estuvo en este mundo. También el Antiguo Testamento enseña esas mismas buenas nuevas: "Ciertamente, pueblo de Sión, que moras en Jerusalén, nunca más llorarás, pues el que tiene misericordia se apiadará de ti y te responderá al oír la voz de tu clamor. Aunque el Señor os dará pan de congoja y agua de angustia, con todo, tus maestros nunca más te serán quitados, sino que tus ojos verán a tus maestros. Entonces tus oídos oirán detrás de ti la palabra que diga: 'Este es el camino, andad por él y no echéis a la mano derecha, ni tampoco os desviéis a la mano izquierda'" (Isaías 30:19-21).

Por supuesto, "el Señor" significa Dios. El Padre, el Hijo y el Espíritu Santo son Uno. La palabra que oirás es la voz del Espíritu Santo, el Vicario de Cristo. Puesto que está a nuestro lado todo el tiempo, no hay posibilidad de extraviar el camino.

Si disponiendo de una ayuda como esa persistimos en pecar, ha de ser por una de estas dos razones: porque nos hayamos rebelado contra el propio Ayudador, o bien porque no comprendamos o no creamos las buenas nuevas. El último es un problema muy común entre personas sinceras. Piensan que comprenden y que creen; en consecuencia, cuando caen, deducen que en el evangelio no hay poder, o que Dios ha renegado de su promesa al respecto. O, lo que podría ser aún peor: piensan que no están cualificados para ser cristianos, que de alguna forma Dios los ha predestinado a perderse. En realidad, el problema consiste en que no comprendieron hasta qué punto son *buenas* las buenas nuevas del evangelio.

Se impone una estimación modesta y humilde de nuestra comprensión del evangelio. El Señor advierte así a quienes creen saberlo todo: "Tú dices: 'Yo soy rico, me he enriquecido y de nada tengo necesidad. Pero no sabes que eres desventurado, miserable, pobre, ciego y estás desnudo'" (Apocalipsis 3:17). La Biblia nos sugiere una buena oración: "Creo; ayuda mi incredulidad" (Marcos 9:24). Esa es la oración más segura que cualquiera de nosotros puede elevar.

Pero supón que cometes errores. ¿Te abandona el Espíritu Santo? Muchos piensan que sí. Creen que el amor y lealtad del Espíritu Santo son tan flacos como los nuestros, de forma que la menor equivocación por nuestra parte le brinda la oportunidad para abandonarnos. Eso les lleva a creer que es muy fácil pecar, y muy difícil seguir a Cristo.

No he encontrado en la Biblia que el Espíritu Santo esté deseoso de abandonarnos. El Padre lo envió con la misión de estar con nosotros "para siempre" (Juan 14:16), y esa es precisamente su intención. Si lo desprecias de forma persistente y determinada, podrías cometer lo que la Biblia llama el pecado contra el Espíritu Santo, pero incluso en tal caso no se trataría de que él te abandonó, sino de que tú lo abandonaste a él.

Supongamos que uno ha cometido ya errores después de haber decidido seguir a Cristo. ¿Qué hace entonces el Espíritu? Cambia de modo y tiene otra obra que hacer en nuestro favor:

4. *Otorga el don del arrepentimiento.* Hay tres cosas distintas que él hace, y cada una de ellas son tremendas buenas nuevas:

A/ Jesús dijo: "Os conviene que yo me vaya, porque si no me voy, el Consolador no vendrá a vosotros; pero si me voy, os lo enviaré. Y cuando él venga, convencerá al mundo de pecado" (Juan 16:7-8).

A primera vista no se diría que sean muy buenas nuevas. ¿Acaso la convicción de pecado no es una experiencia dolorosa?— Sí: es la vivencia del daño, de la contaminación, de la vergüenza y separación de Dios. Pero al reconsiderarlo, resulta ser la mejor nueva imaginable. Supón que tu cuerpo careciera de las vías nerviosas que transmiten la información del dolor. Eso les sucede a los enfermos de lepra. Los nervios quedan maltrechos o destruidos, de forma que no se siente dolor, ni siquiera ante un pinchazo o al contacto con un hierro candente. A los leprosos, las ratas se les comen los dedos mientras duermen, o los pierden en pequeños accidentes. Nuestro sentido del dolor es una posesión valiosa. Si el Espíritu Santo no realizara esa obra dolorosa de convencernos de pecado, seríamos insensibles a nuestra propia autodestrucción, ya que el pecado destruye siempre.

¿Cómo hace el Espíritu para convencernos de pecado? Jesús lo explica así: "Cuando él venga, convencerá al mundo ... de pecado, por cuanto *no creen en mí*" (Juan 16:8-9). El auténtico problema del pecado no es la realización de malos actos, sino la raíz que los ocasiona. No creer, la incredulidad, es el pecado que está en la raíz (recuerda que el Nuevo Testamento emplea la misma palabra para *fe* y para *creer*). Una de las declaraciones más reveladoras de la Biblia acerca del pecado es esta: "Todo lo que no proviene de fe, es pecado" (Romanos 14:23). Nadie ha caído en el pecado sin que la razón básica haya sido la incredulidad. Cuando uno cree en Cristo, en el sentido de apreciar su amor y justicia, el efecto en la vida es automático: justicia, ya que "nosotros, por el Espíritu, aguardamos por fe la esperanza de la justicia" (Gálatas 5:5). Por consiguiente, toda injusticia es fruto de la incredulidad. El Espíritu Santo pone el dedo en la llaga.

B/ "Cuando él venga, convencerá al mundo ... de justicia... por cuanto voy al Padre y no me veréis más" (Juan 16:8-10). El Padre glorificó a Cristo debido a que completó la obra que se le había encomendado: desarrollar una justicia perfecta en su humanidad. Estando él ausente, el Espíritu Santo convence al mundo de esa obra consumada, ya que Cristo ascendió al Padre con esa perfecta justicia.

Somos vanos por naturaleza hasta el punto de imaginarnos bastante buenos. Nuestra pecaminosidad natural nos ciega. ¿Nunca oíste a un incrédulo presumir de ser tan bondadoso como los que frecuentan la iglesia?

La colada en el tendedero nos parece blanca hasta que por comparación una nevada pone en evidencia su apagado tono grisáceo. La presencia personal de Cristo en este mundo hace dos mil años convenció *de justicia* a sus contemporáneos, ya que por vez primera en la historia los seres humanos contemplaron lo que es realmente un carácter de amor verdadero puesto en contraste con el de ellos. Ante la revelación de su propio egoísmo, algunos se airaron hasta el punto de clamar: "¡Crucifícalo!" En contraste, quienes creyeron fueron transformados hasta ser como él en carácter.

Pero ahora Jesús ya no está entre nosotros. Ya no lo vemos. El Espíritu Santo hace por nosotros aquello que jamás podríamos hacer por nosotros mismos: convence a todo ser humano de un ideal de justicia, de una norma de justicia propuesta ante cada uno personalmente, mediante el carácter del Hijo de Dios. De esa forma "todo hombre" puede ver el contraste entre lo que él es y lo que debiera ser: aquello que puede ser en Cristo. ¡Es una obra especial del Espíritu Santo! La convicción es más real y su obra más eficiente en nuestro favor, que si el propio Jesús fuera nuestro vecino de enfrente. Y recuerda: no obtienes sólo una parte de su atención entre siete mil millones, aunque el mundo esté poblado por una cantidad mayor que esa de personas. Siendo infinito, nos presta a cada uno tanta atención como si fuéramos la única persona a quien deba atender.

Esa convicción de pecado no tiene por objeto ponernos en evidencia, no es para que nos sintamos condenados. "Dios no envió a su Hijo al mundo para condenar al mundo, sino para que el mundo sea salvo por él" (Juan 3:17). Quizá esta triple visión de lo que el Espíritu Santo hace para auxiliarnos sea nueva para ti. Considera las aún más increíbles buenas nuevas del punto siguiente:

C/ "Cuando él venga, convencerá al mundo de ... juicio ... por cuanto el príncipe de este mundo ha sido ya juzgado" (Juan 16:8-11). "De juicio": ¡es Satanás, y no tú, quien ha sido juzgado y condenado! La convicción que trae el Espíritu Santo es indescriptible por sublime. Tu peor enemigo ha sido derrotado. Jesús lo explica más adelante: "Ahora es el juicio de este mundo; ahora el príncipe de este mundo será echado fuera" (Juan 12:37). Es expulsado el que te atormentó toda la vida, el que te agostó el ánimo, el que hizo que te sintieras miserable y sin esperanza.

Lo que todos necesitan: la euforia de vencer

Estando en Kenia recuerdo que en cierta ocasión se me encaró una mamba negra, una de las serpientes más mortíferas de África. Afortunadamente tenía un bastón a mi alcance, y la mamba sintió sus efectos. El Señor promete: "Sobre el león y la víbora pisarás; herirás al cachorro del león y al dragón" (Salmo 91:13). La sensación de alivio y bienestar que tuve tras haberme deshecho del peligroso reptil fue indescriptible. Todo aquel que crea en el Salvador ha de conocer la euforia de triunfar sobre el gran enemigo del hombre: Satanás; y esa alegría no es un castillo en el aire o un brindis al sol, sino algo que hemos de experimentar ahora y aquí. La victoria en un encuentro deportivo no es comparable con vencer en esta contienda.

Otro don del Espíritu Santo

El arrepentimiento no es algo que podamos generar a partir de nosotros mismos a voluntad: "A este [Cristo], Dios ha exaltado con su diestra por Príncipe y Salvador, para dar a Israel arrepentimiento y perdón de pecados" (Hechos 5:31).

El don del arrepentimiento es de mayor valor que todo lo que el dinero puede comprar, ya que provee la única vía de escape de esa prisión interna que tanto detestamos. Se nos otorga de forma sobrenatural un aborrecimiento hacia el pecado y un amor correspondiente hacia la justicia. Eso produce un cambio inmediato en la vida. Y de nuevo, no se trata de la obra que *tú* realizas. El Espíritu Santo la realiza en ti. Tu parte es permitírselo, permitirle que te conceda ese don; no rechazarlo.

La palabra que utiliza el Nuevo Testamento para perdón no tiene el significado de que Dios cierre los ojos a nuestro pecado, o bien de que lo excuse tal como disculpamos a quien nos pisó el pie inadvertidamente. El significado de la palabra es "quitar" el pecado. El perdón de Dios es poderoso.

Ese es el motivo por el que arrepentimiento y perdón están tan íntimamente relacionados. Quien se arrepiente de forma genuina puede ser perdonado gratuitamente por Dios, pues ahora odia el pecado, lo que significa que dicho pecado ha sido expulsado. Puesto que Cristo "se dio a sí mismo por nuestros pecados" (Gálatas 1:4), nuestros pecados pasan a ser suyos por derecho propio, y hemos perdido el derecho de aferrarnos a ellos. Cualquiera que se aferre a sus pecados está robando a Cristo aquello que él compró con su sangre.

¿Dónde pone Cristo esos pecados que ha quitado de nosotros?

"Sepultará nuestras iniquidades y echará a lo profundo del mar todos nuestros pecados" (Miqueas 7:19).

Cualquier clase de justificación por la fe que no incluya el perdón genuino entendido como remisión de los pecados, y por lo tanto salvación *del* pecado, es una falsificación, y no existe en el Nuevo Testamento.

Pero la justificación por la fe que nos presenta el Nuevo Testamento jamás lleva a la jactancia o al fanatismo. Quien mantenga ante sí la cruz de Cristo no podrá albergar un espíritu del tipo "yo soy más santo que tú" (Isaías 65:5). Será siempre consciente de no tener en sí mismo ni una partícula de justicia. Conoce su debilidad, sabe cuán fácil le resulta responder a la tentación, cuán fácilmente podría caer en ella. Su lealtad a Cristo no consiste en un deseo egocéntrico por recompensa en el cielo, sino en el profundo anhelo de vivir para dar gloria y honra a su Redentor crucificado. Ha encontrado una motivación que es inmensamente mayor que su propia seguridad personal, mayor que el asunto de si Dios lo acepta. Como la novia preocupada por el honor de su futuro esposo, el creyente se encuentra inmerso en la motivación más poderosa y emocionante que le es dado conocer al corazón humano: la de simpatizar con Cristo en su obra final de expiación.

Dónde fracasó la Reforma

Dios empleó poderosamente a los reformadores protestantes. Pero como presos encadenados en las tinieblas de la mazmorra, fueron incapaces de emerger de forma inmediata hasta la gloria plena del sol de mediodía. Su visión extremada de la justificación por la fe como siendo una declaración puramente legal que no va acompañada de cambio alguno en la vida había comenzado a producir su fruto amargo hacia el siglo XVIII. El conde Zinzerdorf expuso en estos términos a John Wesley cuál era su creencia: "Repudiamos cualquier negación del yo. La denigramos. Como creyentes que somos, hacemos todo aquello que deseamos, y nada más que eso. Nos reímos de la mortificación. No hay purificación alguna que preceda al perfecto amor" (John Wesley, *Journal*, vol. 2, p. 490).

Como verdadero protestante, Wesley se opuso a la idea de que no existe purificación en la justificación por la fe. Su proceder lo enemistó con algunos que habían traído desgracia a la Reforma. Uno de sus asistentes, John Nelson, informa acerca de un tenso encuentro que tuvo: "Recientemente me encontré con uno de ellos. Estaba tan bebido que a duras penas podía evitar que su carro se saliera del camino. Le pregunté qué pensaba sobre sí mismo en caso de que la muerte lo sorprendiera ahora en esa lamentable condición. Respondió que no temía a la muerte, pues 'soy tal como mi Salvador quería que fuera. Si Dios hubiera querido que fuera santo, me habría hecho santo, pero soy un pobre pecador, y espero serlo por la eternidad'. Añadió: 'Usted y John Wesley son enemigos del Cordero, pues quieren que la gente sea santa aquí. No pretendo salvarme a mí mismo como ustedes, fariseos'" (Thomas Jackson, *The Lines of Early Methodists*, ed. 1870, vol. 1, p. 140. Citado por W.E. Sangster en *The Path of Perfection*, New York: Abingdon-Cokesbury 1943, p. 101-102).

Además de ebrio, el hombre estaba equivocado: "Seguid la paz con todos y *la santidad, sin la cual nadie verá al Señor*" (Hebreos 12:14). No se trata de que procuremos egoístamente la santidad, temiendo que el Señor sea reticente a concedérnosla. Al contrario: él está deseoso de dárnosla. Tenemos simplemente que permitir que el Espíritu Santo nos imparta su don. Si nuestro consentimiento continúa, él consumará lo que comenzó. Perseverará hasta disponer de un pueblo del que pueda decir: "Son sin mancha delante del trono de Dios". "Aquí está la perseverancia de los santos, los que guardan los mandamientos de Dios y la fe de Jesús" (Apocalipsis 14:5 y 12).

9

Qué significa poner los ojos en Jesús

De vez en cuando alguien afirma haber visto a la virgen María en una aparición, o bien a Jesús en un sueño, pero a la inmensa mayoría de nosotros no nos ha ocurrido nada parecido. Nos vamos abriendo paso en la vida sin sueños ni visiones como esas.

No obstante, se nos urge a tener "puestos los ojos en Jesús, el autor y consumador de la fe" (Hebreos 12:2). Y leemos repetidamente invitaciones como: "Miren, él es el Cordero de Dios que quita el pecado del mundo" (Juan 1:29 PDT); "¡Mirad a mí y sed salvos, todos los términos de la tierra!" (Isaías 45:22). ¿Cómo poner los ojos en Jesús?

"Ver" a un Dios invisible ha sido siempre un desafío para el hombre. Los pueblos antiguos sintieron que debían hacerse imágenes a las que poder mirar y adorar. ¿De qué otra forma podían "ver" una deidad invisible? Son muchos los que aún hoy creen necesitar imágenes—o al menos representaciones—a fin de visualizar a Jesús, a María, a los santos o a la cruz.

Dice el autor de Hebreos: "Vemos a aquel que fue hecho un poco menor que los ángeles, a Jesús, coronado de gloria y de honra a causa del padecimiento de la muerte, para que por la gracia de Dios experimentara la muerte por todos" (Hebreos 2:9). El punto importante es este:

"Vemos" a Jesús *en la Biblia*.

El Espíritu Santo tiene la misteriosa habilidad de hacer que la Palabra cobre vida ante los ojos de nuestra mente. De hecho, mediante su Vicegerente podemos estar en cierto sentido más cerca de Cristo, de lo que estuvieron hace dos mil años los apóstoles cuando hablaban y caminaban junto a él personalmente (Juan 16: 8 y 10). El retrato de Cristo está grabado en la Biblia con un realismo asombroso que impresiona nuestras mentes y corazones según una realidad multidimensional.

Pero frecuentemente la imagen de Jesús se ha desdibujado ante los ojos de nuestra mente. De igual forma en que un enemigo ha confundido la idea sobre el amor (*agape*) y sobre la fe, también ha "retocado" el verdadero retrato de Cristo en la Escritura, logrando con su fraude hacerlo aparecer como alguien carente de atractivo, de aspecto afeminado y con tintes sospechosos de ser una falsificación. Esa es la razón por la que innumerables personas ven frustrado su sincero deseo de desarrollar ese amor por Cristo. Han heredado un concepto falso acerca de él, que impide que se despierte en sus corazones una genuina respuesta de simpatía humana y de comunión con él. Conseguir esa respuesta en tales condiciones resulta tan o más difícil que desarrollar un vínculo sentimental con George Washington a base de contemplarlo en el billete de un dólar.

¿Es posible establecer una relación viva con un "Cristo" anémico al que contemplamos con mirada tan pía como lánguida a través de un vitral? Se nos ha dicho que él es Dios en la carne, pero se lo ha presentado tan remotamente alejado, que cualquier nexo de unión que llegue hasta nuestra carne y la sangre nos es tan ajeno como si él habitara la luna. De ese modo no es posible sentir una atracción dinámica hacia él por más que quisiéramos tenerla.

Un legado de falsos conceptos

Los creyentes del Nuevo Testamento vieron en Cristo algo que el enemigo ha intentado ocultar de nosotros. Nadie debe sentirse culpable por no saber realmente cómo amarlo. El impedimento es una herencia de falsos conceptos recibida inadvertidamente. Somos capaces de responder con una emoción y devoción tan intensa y genuina hacia él como la de sus apóstoles de entonces. El resultado de un afecto como ese es infinitamente más profundo que el más sincero enamoramiento que quepa imaginar. Y jamás se transforma en ceniza, pues dura para siempre. Nunca tienes que intentar volar por tus propias fuerzas hasta la cima de la bondad o rectitud. Existe algo entre Cristo y tú que logra tal cosa.

Ese algo no es tu extenuante esfuerzo por iniciar o incluso mantener una relación. ¿Se concibe que alguien verdaderamente enamorado *deba obrar* a fin de mantener esa relación? El hecho simple de ver o imaginar al ser amado, cumple la obra. Si es que se hace necesario algún esfuerzo, lo es más bien en el sentido de moderar nuestras expresiones de amor.

Mediante esta comparación no pretendo llevar la fe en Cristo al terreno sentimental. Simplemente procuro hacer ver que las exhortaciones a madrugar más y a esforzarse más en mantener una relación con Cristo evidencian frecuentemente una religión del tipo "hágalo usted mismo", una forma sutil de legalismo que sólo puede florecer allí donde el verdadero Cristo de la Biblia quedó ocultado por la falsificación del enemigo. El problema es invariablemente un cristo falso que no ha venido realmente "en carne", tal como señala el apóstol Juan que tan bien conoció a Jesús: "En esto conoced el Espíritu de Dios: todo espíritu que confiesa que Jesucristo ha venido en carne, es de Dios; y todo espíritu que no confiesa que Jesucristo ha venido en carne, no es de Dios; y este es el espíritu del Anticristo, el cual vosotros habéis oído que viene, y que ahora ya está en el mundo" (1 Juan 4:2-3).

La Biblia *Today's English* traduce así el último versículo: "Cualquiera que niega esto respecto a Jesús, no tiene el Espíritu de Dios. El espíritu que tiene es el del enemigo de Cristo".

El término traducido como "carne" es *sarx*, una palabra que en la Biblia se refiere a la naturaleza caída—pecaminosa—que es común a todos los descendientes de Adán (Hebreos 2:14 y 16-17). Juan destaca el hecho de que Cristo tomó nuestra naturaleza caída.

Todo "Cristo" que no haya venido realmente "en carne", está tan remotamente alejado de nosotros y de nuestras necesidades humanas como lo está el astronauta en su cápsula espacial respecto al planeta que visita. Es el "enemigo de Cristo", pero no de forma abierta y declarada. La palabra *anticristo* se refiere a uno que se arroga el lugar de Dios, aunque realmente oponiéndose a él. Es el lenguaje con el que Juan pudo expresar mejor la idea de una "falsificación de Cristo". Se trata de un fraude que se ha introducido clandestinamente en un mundo desprevenido y también en una iglesia confiada, paralizando el desarrollo espiritual de un pueblo que hace ya mucho tiempo debiera haber crecido "en todo en aquel que es la cabeza, esto es, Cristo" (Efesios 4:15) hasta el punto de que su simpatía y afecto hacia él fueran comparables a los de la novia hacia su prometido. Una falta tal de devoción por Cristo es señal inequívoca de que la falsificación está de alguna forma presente.

La esposa de Cristo está atrapada en la garra del materialismo terrenal y en las incontables seducciones egocéntricas que el enemigo ha sabido inventar. La esposa no es capaz por ella misma de encontrar las fuerzas para librarse de esas cosas hasta tanto que la falsificación de Cristo sea desenmascarada y se reconozca al auténtico Cristo tal como está revelado en el Nuevo Testamento, con su pleno poder de atracción hacia el corazón humano.

Cristo, plenamente divino y plenamente humano

La expresión "puestos los ojos en Jesús" expresa la realidad de una comunión con él más directa que las comunicaciones tierra-nave espacial mediante ondas de radio. La inmensa mayoría de quienes dicen creer en Cristo no tienen problema en reconocerlo como divino. Su problema radica en verlo también como cabalmente humano. A menos que sean capaces de apreciar las plenas dimensiones de su repertorio divino-humano de tentaciones, sufrimientos y sacrificio, no pueden experimentar ese profundo vínculo de unión con él. Sabedor de eso, el enemigo de Cristo ha procurado cortar el nexo que nos une con él a través de su verdadera naturaleza humana. Esa calculada maniobra ha llegado a alcanzar una gran sofisticación en nuestros días.

El dogma católico romano—totalmente extrabíblico—proclama que Cristo nació bajo el efecto de lo que denominan "la inmaculada concepción" de María. Consiste en que María, la madre de Jesús, al ser concebida, fue librada milagrosamente de toda mancha de "pecado original", de forma que a partir de entonces no pudiera pecar en pensamiento, palabra o acción. Esa ventaja sobrehumana le habría permitido ser "la madre de Dios" debido a poseer virtualmente carne santa. Dado que ella misma quedó de esa forma separada del resto de la humanidad caída, estaba capacitada para dotar a su Hijo con el mismo tipo de carne santa que ella, una carne singular, *diferente* a la de todo el resto de seres humanos (incluido Adán en su estado caído).

Pero debido a que el único tipo de carne que hay en este mundo es *nuestra* carne caída, pecaminosa, lo que esa enseñanza declara de la forma más enfática es que Jesús NO vino "en la carne". En un "Cristo" como ese hay un fraude evidente, ya que la Biblia deja fuera de toda duda que "fue tentado en todo según nuestra semejanza, pero sin pecado" (Hebreos 4:15). Si Cristo no hubiera tomado nuestra carne caída, nuestra naturaleza humana, sus tentaciones habrían sido una farsa. Habría podido ser tentado, pero no "en todo según nuestra semejanza". Un "Cristo" como ese podría hacer toda clase de asertos, como "confiad, yo he vencido al mundo" (Juan 16:33), pero careciendo de relevancia, ya que el "mundo" consiste para nosotros en "los deseos de la carne, los deseos de los ojos y la vanagloria de la vida" (1 Juan 2:16), y si Cristo no debió enfrentarse a esas tentaciones "en la carne", no se habría enfrentado en absoluto a *nuestras* tentaciones. El anticristo, el enemigo de Cristo, "es mentiroso y padre de mentira" (Juan 8:44), y no debe extrañarnos que mediante su tergiversación intente presentar a Cristo como si fuera él quien miente.

La postura popular protestante sobre Cristo ocupa el mismo pasillo que la inmaculada concepción de María. De hecho, lleva a la misma conclusión de la forma en que un día sigue al otro. Según esa visión, Cristo tomó únicamente la naturaleza sin pecado de Adán anterior a su caída. Esa comprensión consigue el mismo objetivo que la católica. La única diferencia es que traslada esa injusta ventaja desde la carne de María—en su concepción—a la del propio Cristo, quien resulta así igualmente desconectado de la raza caída. (Eso no se debe confundir con su nacimiento virginal, que sí es una enseñanza de la Biblia). Si bien María concibió a Cristo virginalmente, solamente pudo pasarle la naturaleza que *ella* tenía. Fabricar otro milagro en el que la virgen María habría pasado a Cristo una naturaleza diferente y superior a la de ella es una idea extrabíblica, y degrada de igual forma al verdadero Cristo poniéndolo al nivel de una especie de charlatán ingenioso que nos dice que él es "Dios con nosotros" mientras que está a millones de años-luz de nosotros. Si no hubiera "venido en carne", en tu carne, en la carne de la humanidad tal como existe hoy, tal como existía cuando él nació en esta tierra, no habría estado "con nosotros" más de lo que estaría un extraterrestre de visita turística a nuestro planeta, blindado en su traje de astronauta.

El catolicismo medieval romano vio a Cristo como estando "exento" de la herencia de nuestra verdadera naturaleza humana. *Exento* es una palabra favorita en la literatura católico-romana sobre el particular: "Toda la mentalidad de la iglesia de Oriente ... bebió de San Agustín, el gran doctor de la gracia, esas remarcables declaraciones que hicieron a la Bendita Virgen *exenta* de todo pecado ... En ese mismo espíritu e implícitamente con la misma *exención* de la maldición, San Hipólito, obispo y mártir, afirma refiriéndose en primer lugar a nuestro Salvador: 'Él fue el arca construida con madera incorruptible. Eso significa que su tabernáculo estaba *exento* de pecado, que era de madera no susceptible a la corrupción común a los hombres; es decir, [era] de la Virgen y del Espíritu Santo, cubierto interna y externamente de la Palabra de Dios'" (Berington and Kirk, *The Faith of Catholics, Confirmed and Attested by the Fathers of the First Five Centuries of the Church*, vol. 3, pp. 443-446; original sin cursivas).

Según la Escritura, Cristo no estuvo "exento" de nada, dado que "Jehová cargó en él el pecado de todos nosotros" (Isaías 53:6). Que él fuera "sin pecado" no se debía a alguna disposición previa que lo hiciera "exento" de tener que hacer frente a la plena fuerza de nuestras tentaciones humanas.

Calificaciones de Cristo para ser nuestro sustituto

Cuando Juan enfatiza "que Jesucristo ha venido en carne", evidentemente no se refiere a un tipo milagroso, único o especial de carne que fuera desconocido por entonces en nuestro planeta. Las buenas nuevas consisten en que Cristo ha ganado la victoria, teniendo "autoridad" sobre *nuestra carne* con todos sus malos deseos, liberándonos por siempre de su tiranía. Él no recurrió al juego sucio ni a la trampa. Su ser "Dios con nosotros" no fue una pretensión que soslayaba astutamente pelear una batalla con el pecado idéntica a la nuestra, por haber tomado un tipo de carne o naturaleza singular y diferente a la nuestra.

Cristo no puede ser nuestro sustituto a menos que haya enfrentado nuestras tentaciones de la forma en que nosotros lo hacemos. Debió enfrentarse a nuestro enemigo en el territorio en el que él se había hecho fuerte, en su misma guarida, y derrotarlo allí.

La santa ley de Dios demanda del hombre caído una justicia que este no puede ofrecer, por tener un problema en su "carne". Pablo escribió: "Yo soy carnal, vendido al pecado ... No hago el bien que quiero, sino el mal que no quiero, eso hago. Y si hago lo que no quiero, ya no lo hago yo, sino el pecado que está en mí ... el mal está en mí ... que se rebela contra la ley de mi mente, y que me lleva cautivo a la ley del pecado que está en mis miembros ... sirvo ... con la carne, a la ley del pecado" (Romanos 7:14-25).

Todo hombre y mujer en este mundo debe confesar que Pablo sabe de qué está hablando. El pecado ha establecido su dominio en nuestra naturaleza. Su capacidad de seducción y atracción es abrumadora. El enemigo de Cristo se ha jactado de haber inventado un monstruo de Frankenstein tan poderoso, que ni un solo ser humano—aparte de Cristo—ha podido jamás escapar a su tiranía. Si puede demostrar que es realmente imposible vencer al pecado en carne humana, tiene todo el derecho a reclamar que Dios está equivocado y que él tiene razón. Y ese sería el último paso para destronar a Dios. ¿Cómo podría el universo respetar a un Dios cuyo error ha hecho patente Satanás?

Esa es la razón por la que Satanás ha tramado la mentira que quiere que creamos: 'Incluso hasta el propio Cristo habría encontrado tan imposible vencer en nuestra carne, que tuvo que recurrir a la treta de tomar la naturaleza de Adán en su estado anterior a la caída'. Tergiversa así a Cristo, presentándolo como si estuviera virtualmente de acuerdo con él mismo—Satanás—dado que ni Cristo mismo hubiera podido vencer al pecado en caso de haber tomado nuestra naturaleza, la naturaleza de los hijos e hijas del caído Adán. Y de paso puede presentar a Cristo como haciendo afirmaciones vanas y engañosas de triunfo, en una batalla que ni siquiera peleó.

Dios resuelve el problema

Tras haber detallado con crudeza el problema humano con "el pecado que mora en mí", Pablo presenta la solución: "Lo que era imposible para la ley, por cuanto era débil por la carne, Dios, enviando a su Hijo en semejanza de carne de pecado y a causa del pecado, condenó al pecado en la carne, para que la justicia de la ley se cumpliera en nosotros que no andamos conforme a la carne, sino conforme al Espíritu" (Romanos 8:3-4).

¡Cristo peleó la batalla real, y la ganó! Pablo aclara más allá de toda duda cuál fue el tipo de carne en el que Dios envió a su Hijo: "semejanza de carne de pecado". El pecado no está atrincherado en los objetos materiales, sino en la "carne" de la humanidad. Hay una guarida en la que el pecado encontró su residencia, y es allí donde Cristo debía matar al dragón. Y el suyo no fue un triunfo literario, puesto que "condenó al pecado en la carne", en la carne en la que vino: nuestra naturaleza caída.

El término que Pablo empleó, *semejanza*, no puede significar *diferencia*. Sería un fraude monstruoso el que Cristo hubiera pretendido condenar el pecado en la carne, carne en la que Pablo afirma que estamos "vendidos al pecado" (Romanos 7:14), carne en la que opera la "ley del pecado", si hubiera falsificado su encarnación tomando sólo lo que tuviera la *apariencia* de nuestra carne pecaminosa, pero sin serlo realmente. Habría dado toda la razón para que Satanás exclamara: "¡Fraude!" ante el alto cielo, que es lo que logra con su dogma de la inmaculada concepción. Pablo emplea la palabra *semejanza* para señalar la realidad de la plena identificación de Cristo con nosotros, dejando claro, no obstante, que de forma alguna participó de nuestro pecado. La gloriosa victoria de Cristo se fundamenta en el hecho de haber sido "tentado en todo según nuestra semejanza, pero sin pecado" (Hebreos 4:15). Todos nosotros hemos *cedido* a las tentaciones; en contraste, él "*condenó* al pecado en la carne" enfrentando y venciendo toda la seducción de esta.

Todo el Nuevo Testamento confirma esas mismas buenas nuevas: "Estábamos en esclavitud bajo los rudimentos del mundo … pero … Dios envió a su Hijo, nacido de mujer y nacido bajo la ley, para redimir a los que estaban bajo la ley" (Gálatas 4:3-5). Ingresó en el refugio donde estaban atrincherados esos espíritus de pecado, y tras saquear el territorio del enemigo, lo derrotó.

"A vosotros, que erais en otro tiempo extraños y enemigos [¡eso es lo que hace el pecado!] por vuestros pensamientos y por vuestras malas obras, ahora os ha reconciliado en su cuerpo de carne por medio de la muerte" (Colosenses 1:21-22). "Despojó a los principados y a las autoridades y los exhibió públicamente, triunfando sobre ellos en la cruz" (Colosenses 2:15).

La carta a los Hebreos es enfática: "Por cuanto los hijos participaron de carne y sangre, él también participó de lo mismo" enfrentándose así al problema de nuestro alejamiento íntimo, a fin de "librar a todos los que por el temor de la muerte estaban durante toda la vida sujetos a servidumbre". "Tomó" la simiente *de Abraham*: no la de los seres humanos en el estado anterior a la caída. "Debía ser *en todo* semejante a sus hermanos". Nuestra salvación del pecado está indisolublemente unida a esta verdad: solamente en aquellas áreas en las que él fue tentado, "es poderoso para socorrer a los que son tentados" (Hebreos 2:14-18). Dado "que fue tentado en todo según nuestra semejanza", es un Salvador completo. Santiago está en armonía con Juan y con Pablo. "Cada uno es tentado, cuando de su propia pasión es atraído y seducido. Entonces la pasión, después que ha concebido, da a luz el pecado" (Santiago 1:14-15). Si Cristo no hubiera sentido esa presión, atracción o seducción, eso significaría impostura y engaño. Pero la tentación desde el interior no equivale a pecar. Sentir la fuerza de la seducción no equivale a caer a menos que se ceda a la tentación, y Cristo jamás cedió. La gloria de su justicia consiste en ser el resultado de un conflicto fiero y constante contra la tentación, "pero sin pecado". Su santidad es de esa forma dinámica y gloriosa. Cristo fue "santo, inocente, sin mancha, apartado de los pecadores" (Hebreos 7:26) mientras descendía hasta el terreno donde estaban los pecadores que había de redimir.

Eso hace grandioso el mensaje de la justicia de Cristo. ¿Nunca has estado en la orilla de un lago un atardecer, contemplando el sendero luminoso que refleja en el agua la luz de la luna, desde donde tú estás hasta el horizonte? Al ponerte a andar bordeando el lago descubres con sorpresa que ese reflejo luminoso se desplaza contigo, trazando siempre una línea recta desde tu posición hasta la luna en el horizonte. Concibo la justicia de Cristo como algo profundamente personal para cada uno, para "todo hombre"; como un sendero de luz trazado por el Salvador para unir directamente con su trono de gracia y victoria el lugar en el que ahora mismo me encuentro. Él se ha puesto en mi lugar. Conoce exactamente la fuerza de las tentaciones que ahora me asedian y sabe cómo resistirlas. Fue "hecho pecado" por mí (2 Corintios 5:21). Conoce el peso de mi culpa. Experimentó mi desesperación, mis chascos. Nada hay que escape a su conocimiento. Fue incluso más allá de todo cuanto yo haya podido experimentar, hasta el punto de que por la gracia de Dios "gustase la muerte", la segunda muerte, por mí (Hebreos 2:9).

De hecho, es tan plena y exactamente mi Sustituto, que no habría podido acercarse más a mí si es que yo fuera el único pecador en este mundo. Él es mi verdadero *alter ego*. Estoy en él, tanto desde un punto de vista legal, como en la experiencia y práctica. Jamás un esposo o esposa estuvo tan próximo a su cónyuge como yo lo estoy de él por la fe. Y es así como es poderoso para "salvar eternamente a los que por él se allegan a Dios, viviendo siempre para interceder por ellos" (Hebreos 7:25).

¿Sabes lo fieras que pueden llegar a ser las batallas con la tentación seductora? ¿Sentiste la fuerza de la resaca que te aleja de la costa en el mar de la tentación? ¡Bienvenido a la raza humana! Ese es precisamente el problema que Cristo vino a resolver. Jamás el huracán de una tentación ha soplado sobre nosotros con la violencia con que sopló sobre él, y jamás hemos luchado contra una resaca más intensa que la que Cristo tuvo que resistir.

Sin importar quién seas o dónde te encuentres, puedes tener la seguridad de que hay Uno que estuvo exactamente en tu lugar, "pero sin pecado". Pon tus ojos en él, míralo. Permite que la verdad de su justicia "en semejanza de carne de pecado" disipe la bruma de ese engaño tan popular. Cree de todo corazón que ese pecado que te tienta seductoramente ha sido "condenado en la carne". *Puedes vencer* mediante la fe en Cristo.

Y Cristo no fue el Salvador solamente hace dos mil años. Las buenas nuevas consisten en que él está *ahora* ministrando continuamente para hacer efectivo en nosotros lo que logró entonces. Esa obra no es algo que esté teniendo lugar millones de años-luz lejos de nosotros, sino que "Dios es nuestro amparo y fortaleza, nuestro pronto auxilio en las tribulaciones" (Salmo 46:1).

Nuestro siguiente objetivo es descubrir el vínculo que une la justificación por la fe, con el ministerio de Cristo en el santuario celestial.

10

Ministerio sacerdotal de Cristo y justicia por la fe

Saber acerca del ministerio de Cristo en el santuario celestial es para muchos como descubrir un nuevo mundo. Está extendida la creencia de que Cristo ascendió al cielo tras su vida en esta tierra, pero la idea se convierte en nebulosa respecto a qué puede estar haciendo allí. ¿Está de permiso quizá?, ¿de vacaciones? ¿Sigue aún centrado en la ardua labor que realizó en la tierra? Si está realmente trabajando, ¿qué tipo de obra puede ser la suya? ¿No concluyó su obra de expiación cuando murió en la cruz?

La expresión "Sumo Sacerdote", aplicada a Cristo, describe su oficio: la tarea que está desempeñando ahora. Pero ese título suele evocar una imagen eclesiástica muy alejada de los problemas de nuestra vida cotidiana. ¿En qué santuario está oficiando? ¿Es algún tipo de retiro monástico de oscuros vitrales, apropiado para la práctica de rituales misteriosos u observancias supersticiosas? ¿Está ubicado en un lugar del cielo alejado de la Vía Láctea? ¿Se han retirado el Padre y el Hijo del contacto con la actividad humana en nuestro planeta?

La Biblia está tan repleta de referencias al ministerio sumo-sacerdotal de Cristo en el santuario celestial como para poder escribir libros y libros acerca de él. Aquí podemos solamente dar una pincelada breve.

Los antiguos santuarios israelitas que edificaron Moisés, Salomón, Esdras/Nehemías y finalmente Herodes, nunca fueron el auténtico santuario. Fueron solamente una representación "del santuario y de aquel verdadero tabernáculo que levantó el Señor", "en los cielos" (Hebreos 8:1-2). Toda la sangre acumulada de los incontables animales ofrecidos en el santuario terrenal era incapaz de lavar la mancha de siquiera un solo pecado humano. Cuando David cometió su monstruoso pecado de adulterio, seguido por el asesinato encubridor, sabía bien que no había sacrificio de animal que pudiera serle de ayuda. Oró: "No quieres sacrificio, que yo lo daría; no quieres holocausto. Los sacrificios de Dios son el espíritu quebrantado; al corazón contrito y humillado no despreciarás tú, oh Dios" (Salmo 51:16-17). El único sacrificio eficaz era el que ofreció "el Cordero de Dios, que quita el pecado del mundo" (Juan 1:29). Los sacerdotes terrenales no eran más que una "sombra" de Cristo como Sumo Sacerdote. Toda aquella disposición tenía por objeto ilustrar y dar a conocer la obra de Cristo como Salvador. Aquella "sombra" o representación terrenal era lo más próximo a la realidad que le fuera dado comprender a la mente humana (Hebreos 10:1).

El célebre enemigo de Cristo—el anticristo—cuyo rastro cenagoso se entreteje en la historia del cristianismo, casi ha logrado eclipsar por completo la tarea sumo-sacerdotal de Cristo. Daniel previó esa impostura monstruosa en la visión que describe el capítulo octavo de su libro. El "cuerno pequeño" de Daniel representa lo mismo que el "anticristo" histórico de Juan que "echó por tierra la verdad" y "prosperó" (Daniel 8:12). Este ha sido el logro supremo de Satanás: corromper el evangelio desde el interior. En beneficio de Daniel, un ángel preguntó: "¿Hasta cuándo durará la visión ... del santuario [celestial] y el ejército para ser pisoteados?" (versículo 13). La respuesta vino en la famosa profecía de los 2.300 días/años: "Luego el santuario será purificado [vindicado, justificado]" (versículo 14). En otras palabras: entonces será restaurada la plena verdad del evangelio, quedando en libertad para cumplir la obra que Dios dispuso en la preparación de un pueblo para la venida de Cristo, una tarea a desempeñar en la tierra, que es paralela y consistente con el ministerio sumo-sacerdotal de Cristo en el cielo.

El santuario celestial es el gran centro neurálgico. Es algo así como el cuartel general desde el que Cristo dirige su batalla final contra Satanás, batalla en la que obtendrá su victoria definitiva. Hoy es imposible tener un sentido correcto de la vida, si no es a la luz del ministerio que se desarrolla en el santuario, y es vital para una comprensión correcta de la justificación por la fe. Tal como veremos, nos da la única seguridad de distinguir entre la extremadamente sutil falsificación del evangelio propia del enemigo de Cristo, y el verdadero evangelio. El santuario es el escenario en el que se va a decidir el final del gran conflicto de los siglos, y en el que el gobierno de Dios resultará vindicado.

Quizá la mejor forma de avanzar en el conocimiento de esta verdad vital sea planteando algunas preguntas:

1. *¿Por qué se presenta a Cristo como a nuestro Sumo Sacerdote?* Cuando comprendemos lo que eso implica, el término se convierte en algo íntimo y entrañable. Un sumo sacerdote es todo lo que sigue, incorporado en una sola persona:

A/ *Consejero*. Los sumos sacerdotes de la antigüedad eran vistos como los más sabios en Israel. Tu sumo sacerdote celestial es tu Consejero personal, uno que jamás te dará un mal consejo. "Se llamará su nombre 'Admirable consejero', 'Dios fuerte', 'Padre eterno', 'Príncipe de paz'" (Isa 9:6). "Si alguno de vosotros tiene falta de sabiduría, pídala a Dios, el cual da a todos abundantemente y sin reproche, y le será dada" (Santiago 1:5).

B/ *Amigo*. Cristo es siempre "amigo de ... pecadores". Si crees el evangelio, nunca jamás volverás a estar solo (Mateo 11:19; Juan 15:15).

C/ *Médico*. "Él es quien...sana todas tus dolencias"(Salmo 103:3).

D/ *Psiquiatra*. Él es el único Psiquiatra con poder para restaurar nuestra mente a "su juicio cabal" (Marcos 1:15). Todos necesitan sus servicios.

E/ *Asesor financiero*. "Él hará derechas tus veredas" de forma que "tus graneros estarán colmados con abundancia" (Proverbios 3:6 y 10). Tenemos su promesa: "Os abro las ventanas de los cielos y derramo sobre vosotros bendición hasta que sobreabunde" (Malaquías 3:10). Puesto que se preocupa de que los pájaros tengan cada día su alimento, ¿no se encargará de que dispongas de los recursos materiales necesarios? (Mateo 6:26 y Salmo 145:16).

F/ *Abogado defensor*. "Si alguno ha pecado, abogado tenemos para con el Padre, a Jesucristo, el justo" (1 Juan 2:1).

G/ *Intercesor, amigo en el tribunal*. "Este, por cuanto permanece para siempre, tiene un sacerdocio inmutable [intransferible]. Por eso puede también salvar perpetuamente a los que por él se acercan a Dios, viviendo siempre para interceder por ellos. Tal sumo sacerdote nos convenía: santo, inocente, sin mancha, apartado de los pecadores y hecho más sublime que los cielos" (Hebreos 7:24-26). El enemigo de Cristo es también nuestro enemigo personal, y está a nuestra "mano derecha" para resistirnos. Zacarías presenta una imagen vívida de esa escena de juicio ante el trono de Dios. Pero dado que "no hay cosa creada que no sea manifiesta en su presencia; antes bien todas las cosas están desnudas y abiertas a los ojos de aquel a quien tenemos que dar cuenta" (Hebreos 4:13), lo que vio Zacarías respecto a Satanás acusándonos en el tribunal, revela asimismo sus actividades en procura de desanimarnos personalmente día tras día. La batalla "judicial" por nuestras almas entre Cristo y Satanás transcurre en ambos lugares: en el santuario celestial y aquí, en nuestros corazones (Zacarías 3:1-7). Cristo es nuestro intercesor en el tribunal celestial; de igual forma, el Espíritu Santo es ahora nuestro intercesor aquí en la tierra. Se interpone entre ti y Satanás. Se interpone entre ti y los patrones neurales grabados en el cerebro, proveyendo la gracia que capacita para resistir la tentación y vencer los hábitos pecaminosos. Las dos escenas—la celestial y la terrenal—están interrelacionadas, son paralelas y se corresponden.

H/ *Hermano mayor*. Los afortunados que han disfrutado siempre de la amistad de un hermano mayor pueden apreciar algo de lo que Cristo es para nosotros. Hay un vínculo que une entre sí a los hermanos, más íntimo incluso que el que une a hijos y padres. La Escritura nos presenta a nuestro Sumo Sacerdote como siendo nuestro Hermano (Hebreos 2:11 y Mateo 28:10).

Se debe notar que todo lo anterior es de la forma más real lo que Cristo es hoy para nosotros. De nuestra parte, todo cuanto necesitamos a fin de apreciar esas ventajas incalculables, es *fe*.

2. *¿Cómo ilustra la verdad del santuario el significado de la justificación por la fe en Cristo?* Bastará un sencillo ejemplo para hacer patente la efectividad de esa "fe en su sangre".

Cuando el pecador traía su víctima inocente para ser ofrecida en el santuario terrenal, se requería que él mismo tomara el cuchillo y la degollara con sus manos. Mientras acompañaba a la víctima por el largo camino hasta el santuario, el pecador no podía dejar de sentir el dolor del remordimiento. La visión de la sangre caliente saliendo de aquella criatura mansa que no se resistía y que estaba muriendo por su pecado, traía de forma vívida a su mente el pensamiento de que había Otro que debía morir por él. Los israelitas reflexivos sabían bien que "la sangre de los toros y de los machos cabríos no puede quitar los pecados" (Hebreos 10:4); no obstante, permanece el hecho de que "sin derramamiento de sangre no hay remisión" (Hebreos 9:22). Eso significa que el pecado jamás puede ser "remitido"—quitado de nuestros corazones culpables— excepto si reconocemos contritos que fueron nuestras manos las que degollaron a la Víctima divina.

Tan ciertamente como todos hemos recibido por naturaleza "los designios de la carne [que] son enemistad contra Dios" (Romanos 8:7), esos designios o inclinaciones han florecido en aquel gran asesinato, el más cruel de toda la historia, ya que "todo aquel que odia a su hermano es homicida" (1 Juan 3:15). El asesinato del inocente Hijo de Dios muestra la plena dimensión de nuestro pecado. Y mediante "la fe en su sangre" tenemos justificación, que incluye la sanación de esa enemistad.

Si el Sumo Sacerdote hubiera concluido su labor hace dos mil años, todo el ministerio del santuario sería redundante, y el libro de Hebreos, con su énfasis en el santuario celestial, estaría fuera de lugar en el Nuevo Testamento. Si Cristo se hubiera retirado y el Espíritu Santo fuera el único que lleva adelante la obra, la encarnación perdería su significado, ya que el antiguo sistema del santuario levítico habría bastado como ejemplo de lo que el Cordero de Dios hizo *por* nosotros cuando fue "inmolado desde el principio del mundo" (Apocalipsis 13:8).

Pero es específicamente en tanto en cuanto Sumo Sacerdote en el santuario celestial, como Cristo desempeña su labor de "salvar perpetuamente a los que por él se acercan a Dios". ¡Y dicha salvación es la justificación por la fe! Ese es el gran motivo por el que vive "siempre para interceder por ellos" (Hebreos 7:25). Por consiguiente, Hebreos expone la relación íntima de la justificación por la fe en su sentido más pleno, con el ministerio en el santuario.

3. *¿Cuál es la expiación que provee el ministerio en el santuario?* Expiación significa reconciliación: estar en armonía y unidad con Dios. No se trata de que Dios se reconcilie con nosotros, pues él amó ya de tal manera al mundo, que dio a su Hijo para que muriera por nosotros.

El llamado del evangelio es: "Reconciliaos [vosotros] con Dios" (2 Corintios 5:20). El sacrificio en la cruz proveyó la base para la salvación del hombre. Es un sacrificio completo y final, pero hoy todavía no puede afirmarse con verdad que sean completos los efectos prácticos de la reconciliación. Puesto que expiación significa reconciliación con Dios, es evidente que quienes siguen teniendo una mente carnal no están aún reconciliados con Dios, dado que esa mente es "enemistad contra Dios". Cuando Pablo, escribiendo años después de la cruz, dijo a los corintios "aún sois carnales" (1 Corintios 3:3), la implicación es que realmente aún no habían "recibido la reconciliación" (Romanos 5:11).

La justificación legal o forense provista en la cruz está basada en el don y ofrenda de Dios a "todos los hombres", pero el pecador solamente experimenta la justificación *por la fe* cuando oye y cree las buenas nuevas. Por consiguiente, no basta con que Dios provea legalmente la expiación, sino que el pecador debe recibirla mediante la fe.

Eso demuestra la necesidad de una expiación final en el sentido de un crecimiento pleno de la fe, que elimine todo resto de enemistad contra Dios que pueda permanecer latente, no reconocido, en el corazón o mente del creyente. Mantener esa enemistad es la obra maestra del enemigo de Cristo—del anticristo—ya que si puede lograr anular la expiación final, consigue de forma retrospectiva dejar sin efecto la expiación que la cruz proveyó, y de esa forma gana la batalla final en el conflicto de los siglos.

Eso da un significado solemne al mensaje de la purificación del santuario celestial. Está implicada vitalmente la propia enseñanza de las Escrituras sobre la expiación, que quedaría anulada si no hubiera un Día de la Expiación cósmico tal como está profetizado en Daniel 8 y 9, y enseñado mediante la tipología en el servicio del santuario terrenal.

A los adventistas se les ha encomendado ser los primeros en exaltar a Cristo ante el mundo, pero ese testimonio no ha de ser del tipo "nosotros también", un eco del coro de las iglesias evangélicas en su muy limitada visión de la justificación por la fe. La gran batalla final entre Cristo y Satanás es una batalla a muerte acerca de cómo trata Dios con el propio pecado, y se hace imperativo un testimonio especial. Destruir la purificación del santuario celestial equivale a destruir el Calvario, ya que lo primero es la necesidad lógica y revelación última de lo segundo.

Esa relación de base entre la obra de Cristo en la cruz y su obra en el santuario queda perfectamente resumida en esta declaración: "La intercesión de Cristo por el hombre en el santuario celestial es tan esencial para el plan de la salvación como lo fue su muerte en la cruz" (Ellen G. White, *The Great Controversy*, p. 489).

La casi universalmente aceptada doctrina pagano/papal de la inmortalidad natural ha eclipsado el *agape*—un amor sin mezcla de egoísmo—que presenta el Nuevo Testamento, de forma que para millones de personas la cruz ha quedado despojada de su verdadera gloria y poder. La historia moderna demuestra que es solamente mediante la comprensión del ministerio del Sumo Sacerdote en el segundo departamento del santuario celestial como se restaura ese concepto del Nuevo Testamento sobre el amor revelado en la cruz (El luterano Anders Nygren reconoce que allí donde existe la "creencia en la inmortalidad natural del alma", "se hace evidente la voluntad egocéntrica", de forma que "esa idea de la inmortalidad natural del alma es completamente ajena al concepto del *agape*". *Agape y Eros* — Londres: S.P.C.K, 1957, pp. 164, 180 y 224). La tarea de desvelar "la anchura, la longitud, la profundidad y la altura" del *agape* de Cristo (Efesios 3:17), quien se entregó infinitamente a sí mismo al equivalente de la "segunda muerte" (Apocalipsis 20:6), está asociada con la obra del Sumo Sacerdote celestial en la expiación final. Los resultados magníficos han de verse en un pueblo que sienta en su plenitud la motivación de ese amor, demostrando en la práctica que el *agape* es verdaderamente el cumplimiento de la ley. Para el universo celestial esa ha de ser una visión feliz y muy bienvenida, y propiciará la consumación de la gran comisión evangélica.

Ellen White proporciona una perspectiva profunda acerca de cómo está relacionado el concepto del *agape* con la apreciación real de Cristo como nuestro Sumo Sacerdote en el lugar santísimo—segundo departamento—del santuario celestial (*Primeros escritos*, p. 55-56).

4. *¿Por qué un Día de Expiación final?* En la "sombra" o ilustración provista por el antiguo servicio del santuario terrenal, el Día de la Expiación cerraba el ciclo anual del ministerio de la reconciliación. Simbolizaba la conquista definitiva del pecado y sus efectos, así como la destrucción de su impenitente originador y de quienes lo han perpetuado.

Puesto que la guarida del pecado es la "carne"—la naturaleza caída del hombre—es imposible que el auténtico Día de la Expiación pueda significar el final del reino del pecado entretanto no se resuelve el problema del pecado continuado entre aquellos que creen en el evangelio. Una declaración de justificación pura y exclusivamente legal, no acompañada de una justificación por la fe que reconcilie el corazón del creyente con la justicia de Dios, echaría por tierra todo el ministerio del santuario.

Recurriendo al símil del ajedrez, es como si se estuviera disputando una gran partida cósmica en el torneo de la salvación. Satanás procura encontrar el movimiento que le permita hacer jaque mate a Cristo, y lograría tal cosa si puede asegurarse de que el pecado se perpetúa. Pablo lo expresa claramente: "Lo que era imposible para la ley, por cuanto era débil por la carne, Dios, enviando a su Hijo en semejanza de carne de pecado y a causa del pecado, condenó al pecado en la carne para que la justicia de la ley se cumpliera en nosotros, que no andamos conforme a la carne sino conforme al Espíritu" (Romanos 8:3-4).

La fuerza de las circunstancias puede llevar a Satanás a reconocer que en su encarnación, Cristo "condenó al pecado en la carne", pero su estrategia de jaque mate consiste en impedir que "la justicia de la ley" "se cumpla en nosotros". Su recurso para lograr tal cosa es una versión falsificada de la justificación por la fe.

El Día de Expiación celestial y la purificación del santuario de la que escribió Daniel (Daniel 8:14) son una y la misma cosa. Así como los pecados de los antiguos israelitas eran simbólicamente—en el *tipo*—transferidos al santuario, en la realidad representada por esos símbolos, los pecados de todos quienes profesan tener fe en Cristo son cargados al gobierno de Dios. Él asume la culpabilidad por todos ellos. Satanás desafía a Cristo a que resuelva el problema. Ninguna ficción legal podría jamás poner fin al gran conflicto de los siglos. A menos que el pueblo de Dios coopere con él en la resolución final del problema del pecado, el santuario celestial no puede ser purificado, vindicado o rehabilitado.

Parte de la artera estrategia del enemigo consiste en estigmatizar toda preocupación por vencer al pecado como si fuera la herejía del "perfeccionismo". Esa es la treta sutil de Satanás encaminada a preservar su *status quo* en anticipación del triunfo que él espera. Se jacta de haber inventado algo que supera lo que Dios es capaz de resolver: *el pecado*, que él declara invencible en naturaleza humana caída. De ahí su empeño en demostrar (a) que Cristo no pudo haber vencido ese invento de Satanás si hubiera tomado sobre sí nuestra naturaleza caída, y (b) que es imposible para todo creyente en Cristo vencer al pecado por tanto tiempo como posea una naturaleza caída. Lo mejor que puede hacer es procurar ser "menos pecaminoso", pero dejando siempre intacto el principio del pecado. (a) y (b) son las dos caras de una misma moneda, y ambas están en conflicto con el concepto bíblico de la purificación del santuario.

A pesar de numerosas negaciones por parte de "expertos", la Escritura es clara respecto a que el ministerio del Día de la Expiación del Antiguo Testamento concernía de forma vital a los creyentes israelitas: "Porque en este día se hará expiación por vosotros, y seréis limpios de todos vuestros pecados delante de Jehová" (Levítico 16:30). El Día *antitípico*—real—de la Expiación concierne de igual forma al pueblo de Dios, especialmente desde 1844. La promesa divina consiste en que él va a tener un pueblo del que pueda decir con toda verdad: "Aquí está la perseverancia de los santos, los que guardan los mandamientos de Dios y la fe de Jesús" (Apocalipsis 14:12). El contexto amplio indica que ese será precisamente el resultado práctico de la purificación del santuario celestial.

5. *¿Cómo se relaciona la justificación por la fe, con la vindicación de Cristo en la purificación del santuario celestial?* El pueblo de Dios crece "de fe en fe", y de esa forma da a conocer el evangelio y permite que sea plenamente poderoso para salvar (Romanos 1:16-17). La única base para la justificación de ellos—es decir, para su rectitud— es siempre y solamente la justicia de Cristo: su vida y su muerte. Jamás adquieren algo parecido a una partícula de mérito en ellos mismos. Pero su *aprecio* hacia el amor abnegado exhibido en la vida y muerte de Cristo crece hasta el punto de alcanzar la madurez en Cristo. Cooperando con su Sumo Sacerdote en la purificación del santuario, reciben la justicia de Cristo en su plenitud. Son en verdad justificados por la fe.

Es como la mujer que quiere a un hombre y que madura en comprenderlo y apreciarlo hasta el punto de unirse con él en matrimonio. El desenlace del gran drama de los siglos son las bodas del Cordero. Es la gran trama y guión de la propia Biblia, que alcanza su clímax en Apocalipsis 19. El Padre, Cristo y todos los santos ángeles, han estado "preparados" desde hace largo tiempo. Por fin puede ahora también decirse que "su esposa se ha preparado" (Apocalipsis 19:7). Entonces puede tener lugar la vindicación de Cristo, ya que cualquier reticencia de parte de su esposa para comprometerse y dedicarse a él con la entrega completa que el matrimonio requiere, denota no sólo falta de madurez, sino como mínimo un rechazo parcial hacia él. Y eso sólo puede significar vergüenza para su Esposo.

Dicho de otro modo: una motivación pueril es un impedimento para el desenlace de "las bodas del Cordero", y viene a ser una gran herramienta en la estrategia del enemigo de Cristo.

Si los numerosísimos convocados a la magna sesión judicial de los siglos hubieran de contemplar finalmente cómo la novia de Cristo lo desprecia distraída por su interés en la tarta nupcial, quedarían horrorizados. No es impropio que la niñita encargada de llevar las flores de la novia esté interesada en la tarta y los postres, pero sería la tragedia de los siglos que su futura esposa fuese tan inmadura como para menospreciar el sublime amor de Cristo y carecer de un aprecio verdadero y maduro hacia su sacrificio. Eso significaría finalmente el colmo de la incredulidad, la ausencia de fe, y de forma evidente una negación de la justificación por la fe.

En su poema "Las noventa y nueve", Elizabeth Clephane escribió:

> Ninguno de los redimidos imaginó
> la profundidad de las aguas que cruzó
> ni cuán oscura fue la noche por la que el Señor pasó
> hasta encontrar a su oveja perdida

Cuán diferente sería el caso de su futura esposa a la que ha redimido y con la que se ha de unir en las bodas, si esta manifestara indiferencia ante la profundidad de aquellas aguas. El espectáculo patético que contempla hoy el cielo y la tierra es el de una "esposa" que tiene un aprecio muy escaso por la profundidad del carácter de amor de su Esposo. Está tan ocupada con los placeres materiales y sensuales del mundo, que ofrece a su Esposo la mínima devoción posible. El corazón de ella está absorbido en los cuidados de esta vida y en los entretenimientos del mundo; no en corresponder a su Amante. Esa falta de fe es rematadamente inconsistente con la justificación por la fe.

6. *¿Cómo nos capacita la verdad del santuario para distinguir entre la falsificación satánica de la justificación por la fe, y su contraparte genuina?* Algunos hechos referidos en las Escrituras pueden ser de gran ayuda:

A/ El arma suprema del enemigo en su lucha contra Cristo es la falsificación. Apocalipsis identifica a Satanás como el que "engaña al mundo entero" (Apocalipsis 12:9). De él está escrito que "es mentiroso y padre de mentira" (Juan 8:44).

B/ Su engaño final consiste en asumir el rol de Cristo. "Es el espíritu del Anticristo, el cual ... ya está en el mundo" (1 Juan 4:3). "El mismo Satanás se disfraza de ángel de luz" (2 Corintios 11:14). Es un "falso Cristo" (Mateo 24:24).

C/ Las profecías de Daniel y Apocalipsis describen la popularidad de Satanás en los últimos días mediante los símbolos del "cuerno pequeño" y la "bestia", un poder que profesa adorar a Cristo, pretendiendo incluso traer reavivamiento y reforma al mundo (Daniel 7 y 8; Apocalipsis 13:1-17). Eso incluye ciertamente una falsificación de la justificación por la fe.

D/ El término *anticristo* se aplica a alguien que, bajo la pretensión de ocupar el lugar de Cristo, en realidad lo suplanta y se le opone solapadamente. Como ángel finito que es, Satanás ha ido perfeccionando sus habilidades por años, hasta asumir su rol más engañoso como falso sumo sacerdote. Su espíritu viene necesariamente a ser un falso "espíritu santo" que le permite realizar milagros para dar fuerza a sus pretensiones de merecer la adoración de cristianos sinceros, aunque trágicamente engañados (Apocalipsis 13:13-14). Es en gran medida el originador de los sorprendentes fenómenos espiritistas en el último tiempo, milagros de curación incluidos (ver Apocalipsis 16:14 y 2 Corintios 11:15).

E/ La división del santuario terrenal en dos departamentos, con su ministerio sumo-sacerdotal (1) *diario* y su ministerio (2) *anual* respectivamente, es simbólica del servicio sumo-sacerdotal de Cristo en los cielos (Hebreos 9:1-12). El objetivo del libro de Hebreos no es detallar la división en dos departamentos del ministerio celestial, pero Hebreos 10:1 establece con claridad que la división en dos departamentos del santuario terrenal es una "sombra de los bienes venideros", por lo tanto, apoya de forma implícita la idea de una división significativa en el ministerio celestial de Cristo como Sumo Sacerdote.

Es evidente que Daniel estaba familiarizado con el servicio levítico, y sin duda comprendió que la purificación o vindicación del santuario al final de los 2.300 días/años significaba el Día de Expiación celestial. Daniel poseía inteligencia y estaba informado. Su visión superaba en mucho los estrechos confines del judaísmo típico. No podía resultarle difícil comprender la existencia de un Día de Expiación cósmico que pusiera fin a la historia pecaminosa del mundo. En correspondencia con el Día de Expiación levítico, eso requeriría por parte de Cristo *una nueva fase* en el ministerio sumo-sacerdotal. Dado que la gran tarea del Salvador es la de la justificación—o justicia por la fe—son inmensas las implicaciones de su ministerio en el santuario a efectos de tener una verdadera comprensión de la justificación por la fe.

Siendo Daniel y Apocalipsis complementarios en su alcance profético, vemos a Juan dando testimonio de la inauguración del gran Día de la Expiación en los eventos que describe cuando suena la "séptima trompeta". En ese punto se le mostró la apertura del lugar santísimo o segundo departamento, mientras que en las visiones previas había visto abierto el lugar santo o primer departamento (Apocalipsis 11:15-19, y Apocalipsis 1:12 y 20; 8:3-5). Eso implica claramente el cese del ministerio previamente localizado en el primer departamento. El mensaje de Cristo "al ángel de la iglesia en Filadelfia" simboliza un período cercano al fin del tiempo; allí vemos la obra del Sumo Sacerdote celestial, "el que abre y ninguno cierra, y cierra y ninguno abre … he puesto delante de ti una puerta abierta, la cual nadie puede cerrar" (Apocalipsis 3:7-8). Ese mensaje carecería de sentido a menos que se refiera al inicio del Día de la Expiación. Al abrir la puerta del lugar santísimo, Cristo cierra automáticamente la puerta del lugar santo. En el antiguo Día de la Expiación ningún sacerdote oficiaba en el primer departamento mientras que el sumo sacerdote lo hacía en el segundo.

Al referirnos a ese servicio del santuario, lo hacemos empleando la terminología de las Escrituras. No es sensato cuestionar cuán literal es la noción de un primer y segundo departamento en términos de diseño espacial. Si el omnisciente Dios dispuso representar esas verdades espirituales de importancia vital mediante esa terminología, demostraremos sabiduría al aceptarla y permitir que sea el Espíritu Santo quien imparta las grandes dimensiones de la realidad espiritual que tienen por objeto comunicar.

F/ La última oportunidad del anticristo para "engaña[r] al mundo entero" (Apocalipsis 12:9) consiste en distraer la atención del pueblo de Dios, de forma que ignore u olvide el cambio de ministerio de nuestro Señor en el santuario celestial. El enemigo está determinado a anular lo que es distintivo en esta última fase de la obra de Cristo. Su propósito en ello consiste en impedir el continuo crecimiento espiritual del pueblo de Dios y en separarlo de la comunión con su Sumo Sacerdote en su obra final, demorando así la segunda venida de Cristo. "Satanás inventa innumerables medios de distraer nuestras mentes de la obra con la que precisamente deberíamos estar más familiarizados. El archiengañador aborrece las grandes verdades que ponen de relieve un Sacrificio expiatorio y un Mediador todopoderoso. Sabe que para él es vital desviar las mentes lejos de Jesús y de su verdad …

El pueblo de Dios debería comprender claramente el asunto del santuario y del juicio investigador. Todos necesitan conocer por sí mismos la posición y la obra de su gran Sumo Sacerdote. De otro modo, les será imposible ejercer la fe tan esencial en nuestros tiempos, o desempeñar el puesto al que Dios los llama" (Ellen G. White, *The Great Controversy*, p. 488 [479]).

Ese cambio de actividad en el cielo, desde una fase a la siguiente del ministerio de Cristo, da a Satanás una oportunidad como la que una vez tuvo con los antiguos judíos. Tras haber ascendido Cristo al cielo como verdadero Sumo Sacerdote para ministrar allí en el santuario, los judíos siguieron concentrando su atención en los rituales ya caducos del templo terrenal del que Jesús había dicho: "Vuestra casa os es dejada desierta" (Mateo 23:38). Su engaño los llevó a la ruina.

De igual forma, todo esfuerzo realizado en la actualidad para restringir la obra de Cristo a lo que estaba simbolizado en el ministerio del primer departamento, expone al adorador al mismo terrible peligro del astuto engaño del anticristo. Actualmente ha perfeccionado sus técnicas hasta el punto de conceder "poder" a quienes se adhieren a él, así como un cierto tipo de "luz" que resulta seductora para las mentes inclinadas a la sabiduría terrenal. Pero no se trata de poder originado en el verdadero Espíritu Santo (*Primeros escritos*, p. 56).

Un ejemplo claro de la coexistencia de verdad puesta en contraste con su falsificación, son las dos versiones distintas y opuestas de la justificación por la fe tal como se enseñan hoy en el mundo. La una está centrada en el aprecio al verdadero carácter de amor (*agape*) de Dios, y ve la cruz de Cristo como la perfecta fusión de la justicia y la misericordia de Dios, de tal manera que él puede ser el Justo y el que justifica a quienes tienen fe en Cristo. Una fe como esa, obra por el amor y lleva invariablemente a obedecer todos los mandamientos de Dios, incluyendo el tan denostado cuarto mandamiento que enseña la observancia del verdadero día del Señor—el sábado, o séptimo día. Esta enseñanza sobre la justificación por la fe, que enfatiza por igual ambos dones paralelos del *perdón* y el *poder*, ensalza la ley de Dios al mismo tiempo que revela su amor incomparable. Es salvación *del* pecado; no salvación *en el* pecado. La fe que opera en esta justificación efectúa en el corazón del creyente una obra completa de expiación—reconciliación—y prepara a un pueblo para la venida de Cristo, tal como simboliza esa esposa que está preparada por fin para la boda.

La otra variedad de justificación por la fe se basa en una visión deficiente del amor de Dios, que ve su carácter en una luz distorsionada y muy alejada de la grandeza del amor *agape*. La enseñanza de la inmortalidad natural distorsiona el cuadro, de forma que el amor de Dios solamente fue capaz de *prestar* a su Hijo a la humanidad, más bien que de *darlo*. Ahí no es posible reconocer el concepto de la "segunda muerte" que Cristo experimentó en la cruz. A su vez la fe resulta devaluada hasta convertirse en una mera "confianza" egocéntrica motivada por la inseguridad humana, y en una búsqueda incesante de la "seguridad" de ser salvo *en el* pecado, más bien que de ser salvo *del* pecado. La enseñanza sobre la justificación por la fe queda así drásticamente limitada, de forma que el componente del *perdón* es indebidamente enfatizado a expensas del *poder* del Espíritu disponible para la santificación. Estando ausente el verdadero *agape* en esa versión de la justificación, la fe no lleva a la obediencia de todos los mandamientos. Suele aceptarse un falso sábado en lugar del verdadero día del Señor, así como otras doctrinas que no son bíblicas. Se denigra la ley de Dios, bien sea mediante la enseñanza de que ha sido virtualmente abolida, o bien aseverando que es imposible obedecerla verdaderamente. En esa versión de la justificación está totalmente ausente cualquier concepto relacionado con la purificación del santuario celestial o de la preparación de un pueblo para la venida de Cristo.

El ministerio de Cristo en el lugar santísimo—segundo departamento—cumplirá en aquellos que lo siguen por la fe una restauración de la imagen de Dios en el carácter, un carácter de amor—*agape*. La revelación de ese amor se convierte en la proclamación final del evangelio eterno al mundo. En contraste, la obra del enemigo de Cristo como falsificador de Cristo—o anticristo—provee los criterios superficiales para la conversión, pero estando ausente la verdadera insignia del *agape*. Eso significa que los ministros, tanto de Cristo como del anticristo, operan simultáneamente a lo largo y ancho del mundo. Cristo "siega ... la mies de la tierra" en la conformación de un pueblo que refleja su carácter. Por su parte, el anticristo "vendimia los racimos de la tierra, porque sus uvas están maduras" (Apocalipsis 14:15 y 20).

7. Si el Señor perdona nuestros pecados cuando se los confesamos, ¿por qué es necesario un borramiento de los pecados en el Día de la Expiación? En un sentido legal, forense, nuestros pecados fueron perdonados cuando Cristo murió en la cruz hace muchos años, puesto que "Dios estaba en Cristo reconciliando consigo al *mundo*, no tomándoles en cuenta *a los hombres* sus pecados" (2 Corintios 5:19). Él es absolutamente sincero al perdonar nuestros pecados y al darnos la seguridad del perdón cuando nos arrepentimos y confesamos. La razón por la que es necesario el borramiento de nuestros pecados en el Día de la Expiación, no es porque Dios otorgue un perdón parcial o meramente relativo, sino porque nosotros, los humanos, somos notorios por un arrepentimiento relativo.

¿Habrá alguien que lea este libro, que nunca haya reincidido en el pecado? Todos lo hemos hecho. La Biblia presenta muchos relatos de personas que se arrepintieron y convirtieron, pero que posteriormente cayeron de forma estrepitosa. David, rey y profeta, autor de muchos de nuestros salmos preferidos, cometió adulterio con Betsabé y después asesinato; Pedro, bautizado y ordenado como apóstol, estaba seguro de que jamás negaría a Cristo, pero antes que amaneciera fracasó miserablemente en tres ocasiones; Ezequías, uno de los reyes piadosos de Judá, creía haber andado delante de Jehová con un "corazón íntegro" (2 Reyes 20:3); no obstante, tras su curación milagrosa pecó gravemente; hasta el propio Moisés, con quien el Señor hablaba cara a cara, perdió su dominio propio en la frontera con la tierra prometida.

Todos los citados habían vivido en una relación de salvación hasta que la abandonaron. Cayeron por la existencia de pecado no reconocido ni confesado que sus corazones albergaban sin saberlo. Cuando tomamos conciencia de un pecado, lo confesamos y nos arrepentimos, somos ciertamente perdonados, pero la promesa de 1 Juan 1:9 no consiste en que ese perdón sea un manto para cubrir cualquier pecado soterrado que no hayamos confesado y del que no nos hayamos arrepentido. Si permanecemos fieles y comprometidos, el Espíritu Santo continuará convenciéndonos del pecado que hasta entonces desconocíamos por sernos oculto.

Al responder positivamente, nuestro arrepentimiento y confesión de los pecados avanzará en profundidad hasta que en su infinita sabiduría Dios vea que se ha erradicado de nuestro corazón la última raíz de enemistad contra él. Eso es equivalente a recibir el sello de Dios, o al borramiento de los pecados. Significa que el penitente ha aprendido a aborrecer el pecado tal como hizo Cristo, y de esa forma ha vencido tal como Cristo venció (Apocalipsis 3:21). Entonces se puede pronunciar el decreto: "El que es justo, practique la justicia todavía, y el que es santo, santifíquese más todavía" (Apocalipsis 22:11).

¿Bajo la ley o bajo la gracia?

Si nuestra comprensión de la herencia que tenemos en Cristo creció hasta hacernos capaces de apreciarlo como nuestro Sumo Sacerdote, podremos hacer una elección inteligente respecto a dónde vamos a estar. Este es nuestro privilegio: "El pecado no se enseñoreará de vosotros, pues no estáis bajo la ley, sino bajo la gracia" (Romanos 6:14).

Estar bajo la ley significa ser esclavo de la preocupación por mi propia seguridad, que está motivada por el temor a perderse en las tinieblas y el vacío del "infierno". Esa sigue siendo todavía una forma de egoísmo, si bien es una forma refinada y elevada del mismo. No se puede culpar al mal informado profesor de Yale por afirmar sarcásticamente que el cristianismo es simplemente "otra forma de renunciar al presente ante una perspectiva más favorable" (Charles Reich, *The Greening of America*, New York: Random House, 1970-, p. 301). Toda motivación egocéntrica queda resumida en esta expresión: "bajo la ley". Significa vivir bajo la presión impuesta por el temor al castigo que la ley puede infligir, ya que "la ley produce ira" (Romanos 4:15). Muchos evangélicos admiten con franqueza que la única motivación que reconocen como capaz de dar resultados, es la del temor a esa "ira". Encontramos un ejemplo en esta afirmación de un teólogo evangélico africano: "Lo único que mantendrá ardiendo el fuego del evangelicalismo ... es el prospecto del tormento eterno en el fuego" (Byang H. Cato, *Theological Pitfalls in Africa*, Kismu, Kenya: Evangel Publishing House, 1975, p. 149). Eso es una aceptación en toda regla de la bancarrota del evangelio.

Por contraste, estar "bajo la gracia" significa vivir bajo una nueva motivación que hace vibrar el alma en gratitud por la redención. Implica el más profundo aprecio hacia un amor cuyas dimensiones infinitas—anchura, longitud, profundidad y altura—están comprendidas en los brazos extendidos de Cristo en la cruz.

La obediencia, la lealtad, la pureza y la devoción no son metas a lograr, sino dones a descubrir en nuestra respuesta a sus brazos extendidos de amor y perdón. "El pecado *no se enseñoreará* de vosotros". En esa nueva "cautividad" de la gracia descubrimos por fin la auténtica libertad.

Nos arrodillamos junto a Pablo y nos sumamos a su sincera oración: "Lejos esté de mí gloriarme, sino en la cruz de nuestro Señor Jesucristo, por quien el mundo ha sido crucificado para mí y yo para el mundo" (Gálatas 6:14). "Para mí el vivir es Cristo y el morir, ganancia" (Filipenses 1:21).

Ese es el comienzo de la vida eterna, una vida nueva, diferente y mejor. Has pasado de la muerte a la vida. Ahora eres ciudadano del cielo, una nueva persona en Cristo, ya que has creído el evangelio por lo que es: buenas nuevas.